社長、なぜ
プ[illegible]ョナル人材
を採用しないんですか!?

馬醫 光明
Mitsuaki Bai

日本橋出版

目次

はじめに
中小企業になぜプロフェッショナル人材が必要なのか？

「プロフェッショナル人材」とは何か？
それは、「周囲を巻き込み、変革へと導くリーダーシップのある人」のことを言う。

「いま、地方の中小企業にはプロフェッショナル人材が必要だ！」

わたしは本当にそう思っている。なぜならば、中小企業の経営者が抱えている悩みのほとんどが〝人材〟だからだ。国内消費が冷え込む中、新しいビジネスを国内だけでなく海外にも展開したい。こらからの後継者となる幹部を育成したい。少子化、人口減で、労働生産人口は減少していくため仕事の生産性をあげたい。こういった、悩みの解決は、プロフェッショナル人材しかできない。

これから事業を成長させていく、発展させていく、事業を後世に引き継ぐ人材育成をしていくには、従来の思考や行動では他社と差別化した事業戦略を作ることがどんどん難しくなってきている。

いままでの成功体験から抜け出せず、従来と同じ発想をしている人間が、明日から外向き、上向き思考になって、専門性を高め、幅広い人脈を作りながら会社を大変革していくことは不可能だ。

つまり、これから続く変化の激しい時代を生き残るには、社内人材ではもう限界にきているのだ。

これまでは、なんとか即戦力の若い人材を中途採用することで新しいことにもチャレンジできた。しかし、地方の若者は大学への進学、就職で都心部にどんどん流出してるのが現実だ。

大手企業は、給与や福利厚生をどんどん充実させることで人材を囲い込んでいる。

こうした中で、地元に戻りキラリと光る中小企業に行くという選択肢がほとんどなくなった。本当に良い人材の採用ができなくなってきている。

そこで、わたしはいち早くプロフェッショナル人材の採用に着目して、役職定年を迎える55歳以上の大企業で海外経験がある優秀な人材を積極的にスカウトすることで成功をおさめている。

都心部から地方にシニアの優秀な人材にきてもらい、魅力のある会社を作り上げ、中小企業をもっと元気にしたいと本気で考えている。

わたしは、大学院を卒業後、新卒でパナソニックに入社した。国内工場の経理責任者、台湾勤務を経て、マレーシア現地法人設立に従事し、役員で経理・人事の仕事を担当した。現地法人でのリストラも経験し日本に帰国。ワークライフバランスを考え、子育て環境の良い妻の実家である高知への移住を決意し、入社12年で退職することにした。現在は、高知にある中小企業の製紙会社に就職し、経理・人事の担当役員をしている。

そんなわたしは、海外勤務を経験する中で「プロフェッショナル人材」こそ、会社を大きく変え、業績向上に直結することを肌で感じ、プロフェッショナル人材を採用すれば中小企業も変わると信じている。

そして、実際に都心部からシニアで経験豊富な人材を多く採用することで海外事業への進出、製造現場における生産性の向上、人材育成など会社はものすごいスピードで大きく変化している。

内閣府の「プロフェッショナル人材事業」では、地域の中堅・中小企業に対して「攻めの経営」への転身を促し、個々の企業の成長及び地域経済の活性化の実現を目指している。全国の各自治体も大企業と連携した活動が少しずつ活発化してきている。

中小企業の経営者にはプロフェッショナル人材に興味はあるものの具体的にどのように採用すればよいのか、採用するとどんな効果が出るのか、処遇はどうすればよいのか、といったことで悩む方は多い。

そういった方に向け、実際の現場で問題解決ができるように解説を試みた。本書には2つの特徴がある。1つ目は、全てこれまでわたしの採用活動の経験に基づく内容であり、経営者が悩まれている疑問に答えるべく具体的な実践事例を紹介している。2つ目は、そういった実践事例をできるだけ分かりやすく体系化し、皆さんの職場でも活用できるものにした。

プロフェッショナル人材の採用については、全国の地方自治体での講演依頼やＮＨＫからの取材で大きな反響をいただいている。本書では、その採用についての考え方や手法について余すことなく一挙公開した。読者の方が、そのノウハウを現場で実践することで、問題が解決され地方の中小企業がもっと元気になると信じている。

本書が、あなたの会社を大きく変えることができれば、これに勝る喜びはない。

馬醫光明

第1章

なぜいま地方にプロフェッショナル人材なのか!?

いま地方に都心部からのプロフェッショナル人材と呼ばれる人たちの移動が始まっている。地方から都心部の大学に進学して「就職するなら地元に決めている！」「やっぱり地元の生活がいい！」といった学生が地元にUターン就職するケースやそのまま都心部で就職して、数年働いたのちに家族ができて「子育てするなら自然がいっぱいの環境がいい」「実家の近くで何かあった時に親のサポートを受けられる」「待機児童が少ない」などの理由で地元に帰るケースは以前からあった。同様にパートナーの地元に移住するケースもある。奥さんが地元にご主人を連れて帰ることを「嫁ターン」と言ったりもするが、奥さんは地元志向の強い人が多い。

また、「親が病気で介護する必要が出てきた」「親が高齢になったので万が一に備え、地元かその近くに住んでおきたい」「親の実家の家業を手伝う」など、いろんなケースがあるがいずれにしても地元と家族に何らかの接点がある場合に都心部から地方に移動するケースがほとんどであった。

ところが最近は、セカンドキャリアやワークライフバランス、自然豊かな環境での生活への憧れなど様々な理由で移住する人が増ええ続けている。特に、大企業や海外でキャリアを積んだ優秀な人材が定年後の60歳以降も現場の第一線で働き続けたいと願い、地方のユニークでオモシロイ会社に転職されるケースが増えてきている。

本章では、なぜいま地方にプロフェッショナル人材が必要なのか、なぜ移動し始めているかを見ていくことにする。

◎地方創生の動きが加速している

国立社会保障・人口問題研究所の将来推計によると、2050年には日本の総人口は1億人を下回ることが予測されている。これから3千万人近くの人口が減少するのだ。あなたの住まれている地域でも毎年人口が減少していることを感じられているだろう。数年前まで学校のクラスは3クラス以上あったのがあっという間に1クラスになったり、生徒数の減少が止まらず学校自体が閉校に追い込まれたりしている。わたしの住む高知でも学校の先生から「生徒数が減って学校運営が難しくなってきている」という話をよく聞く。

特に、高校を卒業して都心部への就職や大学に進学するなど18歳から25歳位までの若い人材がどんどん地元を離れていく傾向は止まらない。地方からの転出者が転入者を上回る現象が人数の差はあるとしてもどこの地方でも起こっている。つまり、企業にとっては、若い人材の確保ができなくなってきているのだ。

人口減少に突入した日本。特に、地方の人口減少は地域経済の縮小を呼び深刻さを増している。そして、地域経済の縮小が人口減少を加速させるという負のスパイラルで地方の弱体化が懸念されているのだ。

政府は、こうした問題をなんとか克服しようと、地方へのプロフェッショナル人材の流れを作り、企業を成長させることで、地域に活力を作りだす好循環を生もうとしているのだ。

政府は魅力ある企業がどんどん増えれば、若者の地方離れも減少していくと考えている。

実際に地方企業を見渡せば、業界シェア日本一、世界シェアナンバーワンといったニッチな市場でトップシェアの潜在能力が高い成長力を持つ企業が数多く存在しているのだ。

例えば、わたしの会社はアルカリ乾電池用（単3・単4）セパレータの国内シェア6

割のトップシェアだし、高知県内の他社をみると、農業用耕うん爪で国内シェア4割の企業、高度な職人技で世界最高品質の猟銃の国内シェア7割の企業など普段の生活ではなかなか目に触れなかったりするニッチな市場でトップシェアの企業がたくさんあるのだ。（図表1）

こういった尖った技術のある面白い企業が、どこの地方にもたくさんある。これらの企業が自らの可能性を開花させ、どんどん成長することで地方創生のカギとなるのだ。業界では、誰もが知っているような有名なトップ企業だったとしても一般の人たちにはまだまだ知られていない隠れた企業がたくさんある。

地方の中小企業がこれまでと同じ環境下で経営するのではなく、「攻めの経営」へ転身していくには、いままでの延長線の考え方や取組ではなく、これまでにない新しい発想が不可欠だ。ブランド力をもっと高めていったり、いろんな人に知ってもらうために知名度を上げる戦略も企業にとっては必要になってきた。こういった課題を正しく理解し解決することで、成長力のある企業に育て上げるには、経験豊富なプロフェッショナル人材が必要となる。

地方創生を加速させるために、内閣府は「プロフェッショナル人材事業」を平成27年に発足させ、全国46都道府県に「プロフェッショナル人材戦略拠点」を設置した。そして、地域企業の経営者と何度も対話を行いながら、人材ニーズを民間の人材会社につなぐ連携もしている。

こういった動きは年々活発化しており、たくさんのマッチング事例と成果が報告されている。

プロフェッショナル人材が企業を変え、企業が地域を変える動きが年々活発化しているのだ！

Point!

◇地方には、尖った技術を武器にしたニッチトップ企業がたくさんある。

◇若年層の地方離れを解決するには、地方へプロフェッショナル人材の流れを作り、魅力ある企業を増やすことが必要。

◇プロフェッショナル人材の活用で「攻めの経営」へ転身できる。

高知が誇る世界一企業

出所：四国経済産業局「四国が一番～四国が誇る日本一・世界一」より抜粋

企業名	内容	所在地
ニッポン高度紙工業株式会社	電解コンデンサ用セパレータ（家電製品やパソコンに使用されている薄くて特殊な紙）	高知市

高知が誇る日本一企業

出所：四国経済産業局「四国が一番～四国が誇る日本一・世界一」等より抜粋

企業名	内容	所在地
株式会社泉井鐵工所	延縄巻上機（マグロハエナワ漁業の網の巻き上げ機）	室戸市
宇治電化学工業株式会社	人造エメリー（研磨剤原料）	高知市
株式会社SKK	船用クレーン（海上作業専用のクレーン）	高知市
株式会社小谷穀粉	麦茶	高知市
兼松エンジニアリング株式会社	強力吸引作業車	高知市
株式会社技研製作所	無公害型杭圧入引抜機（振動が少ない杭打ち機）	高知市
金星製紙株式会社	ペットボトルリサイクルによる水切り袋	高知市
株式会社光栄鉄工所	浚渫用グラブバケット（砂利を捧取する時にクレーンの先にある特殊機械）	高知市
株式会社シンテック	定量式小型ピストンコンクリートポンプ（道路等の側面工事で使用する工具）	高知市
渋谷食品株式会社	芋けんぴ	日高村
株式会社太陽	農業用耕うん爪	高知市
東洋電化工業株式会社	黒鉛球状化剤（鋳鉄材料に使用する素材）	高知市
日鉄鉱業株式会社 鳥形山鉱業所	石灰石	須崎市
パシフィックソフトウエア開発株式会社	浚渫作業船搭載用・超音波測深システム「Sea Vision」シリーズ〔NETIS登録〕□	高知市
廣瀬製紙株式会社	アルカリ乾電池用（単3・単4）セパレータ	土佐市
ミロク機械株式会社	ガンドリルマシン	南国市
株式会社ミロク製作所	猟銃	南国市
株式会社ミロクテクノウッド	自動車用木製ハンドル	南国市
山本貴金属地金株式会社高知工場	歯科用貴金属合金	香南市

【図表1】（出所）意外と知らない高知の企業（高知県庁）

◎内閣府「プロフェッショナル人材事業」で地方移住が進む

内閣府の「プロフェッショナル人材事業」では、地域の中堅・中小企業に対して「攻めの経営」への転身を促し、個々の企業の成長及び地域経済の活性化の実現を目指している。わたしは、平成27年のプロフェッショナル人材事業発足時にお声掛け頂き、それ以降 様々な場面でわが社の事例を紹介している。

わが社では関東、関西、九州などの都心部からプロフェッショナル人材の採用を積極的に行い、事業の大変革に取り組んでいる。

具体的な採用事例は「第9章【事例紹介】プロフェッショナル人材採用の体験談」を読んでもらいたいが、いくつかプロフェッショナル人材の採用事例を紹介すると、東京在住で元大手商社に在籍されていた部長クラスのKさんは、役職定年で退職された。アメリカにある有名大学のＭＢＡホルダーで海外駐在経験もある優秀な人材だ。海外事業拡大に伴い海外取引に精通している人材を探していたところうまくマッチングした。現在は東京から単身赴任で高知に移住されている。

また、関東にある元大手外資系メーカーで開発部長されていたMさんは、定年前に配置換えがあり定年後の将来を悩まれていたところをスカウトして単身赴任で入社された。広島在住で元大手自動車メーカーの開発責任者のMさんは、わたしが取材を受けた記事をたまたま読んで会社に興味を持ち、当時話題となった「下町ロケット」のドラマとも重なり入社された。お子様が成人されていることもあり、奥様と移住された。もともと高知によくツーリングに来られていたこともあり、高知の生活をエンジョイされている。この他にもたくさんの方が、都心部からわが社のような中小企業に転職され、高知に移住されている。

このように都心部から地方へ移住する流れが実際に活発化しているのだ!

高知県内でも「プロフェッショナル人材事業」の取組が活発だ。経済同友会との交流会も行われ具体的なマッチングも始まっている。大企業では、「働き方の選択肢を増やす」「役職定年者の再就職先」として地方の中小企業を注目し始めている。

厚生労働省は平成31年度、東京一極集中の是正と人手不足緩和などの観点から「UIJターン」による就職希望者を採用した東京圏以外に所在する事業所に新たな助成金を支給する方針がでた。就職説明会の開催や人材募集・採用パンフレットなどの作成に要した経費の2分の1（中小企業、上限100万円）が対象となる。すでに実施中の「地方就職希望者活性化事業」と併せて運営し、若年者の地方還流を促進する意向が出ているのだ。そして、今年度は東京圏からの地方移住者に助成金が支給されるなど政府も地方への移住を後押しする動きが出てきている。

こういった動きは、採用活動に力を入れている企業にとっては朗報だ。求職者にとっても関東圏から地方に移住することで助成金が支給されるのは、就職の後押しになる。

Point!

◇各都道府県の「プロフェッショナル人材拠点」の活動が活発化し、積極的なマッチングの取組が行われている。

◇都心部から地方の中小企業にプロフェッショナル人材が流れ出している。

◎社内人材だけではもう限界

企業を取り巻く環境は大きく変化し、これまで成功していたビジネスモデルが上手くいかなくなってきている。あなたの会社でも周りの環境がどんどん変化していることを肌で感じられているはずだ。いままで長い間取引していた地元の顧客が減ったり、日本国内の顧客からの需要も減ったり、インターネットを活用したビジネスが主流になったり、海外に活路を見出さなければならないため、海外進出の戦略を考えるなどどんどん新しいことにチャレンジすることがあたりまえになってきている。

そして、顧客からの要求もどんどんハードルが高くなってきているため、品質、生産管理など社内の管理体制を強化する必要もでてきている企業は多い。いままでは経験とカンで何とか乗り切れた。しかし、顧客からの高まる要求水準に対して安定した商品やサービスを提供していくには、経験とカンだけに頼るのはリスクがあまりにも大きい。会社を見渡すと経験とカンで仕事をする職人気質の人材が多く、事業を若い世代にどうやって伝承していくかということに悩んでいる経営者は多い。

「人材がどんどん高齢化している」「仕事は●●さんしか分からないので病気で倒れら

れると誰も分からない」「仕事のマニュアルは言語化したものはなく、●●さんの頭にしかない」こういった声は、経営者から本当によく聞く。

経営者自身も高齢化が進んでいることもあり、次の世代にバトンを渡すタイミングになっていても、「これから事業の成長は見込めない」「リスクを冒して事業を引き継ぎたくない」など経営者の子供が事業を引き継いでくれないケースや社内に引き継げるような人材が育っていないため、事業継続が難しい状態になる陥っているケースはよくみられる。

地方の中小企業の経営者はこのようなたくさんの悩みを抱えているのが現実だ。加えて、少子高齢化が進む中地方の若い人材は年々減少しており、そんな若い人材も高校を卒業するタイミングで就職や大学で都心部に引っ越していき、戻ってこないケースが圧倒的に多い。つまり、将来性のある若い人材を積極的に採用して育てていくことも厳しくなってきているのだ。

そんな地方の中小企業の問題をこれから解決していくには、プロフェッショナル人材が必要となる。これからますます変化が激しくなる時代を生き残るためには、社内人材ではもはや限界にきているのだ。

かの有名なチャールズ・ダーウィンは「最後まで生き残るものそれは、力の強いものでも頭のよいものでもなく、ただひとつ変化し続けたものである」と言っている。つまり、これからの変化にしっかり対応していくには、いままでの固定観念を変え、新しい発想で物事を考える力のあるプロフェッショナル人材こそが地方にある中小企業の救世主となるのだ。

Point!

◇経験とカンの経営では、変化の激しい時代に対応できなくなってきている。

◇プロフェッショナル人材こそが、地方の中小企業の救世主になる。

◎プロフェッショナルな仕事とは？

あなたは、プロフェッショナルな人材と聞いてどんなイメージを持つだろうか？

医者、弁護士、会計士、コンサルタントなどその道の専門職をイメージされるかもしれない。実は、わたしも昔はそのように考えていた。

例えば、医者であれば医学についての専門家、弁護士は法律についての専門家、会計士は会計についての専門家、コンサルタントは経営についての専門家といったようにその道の専門性が問われる職業だ。

そして、それを証明するために極めて難関な国家試験をパスする必要があるのだ。しかし、わたしが言う「プロフェッショナル人材」は専門職ではない。

わたしは、「プロフェッショナル人材とは、周囲を巻き込み、変革へと導くリーダーシップのある人」と定義付けている。

もう少し説明すると、プロフェッショナル人材は業種・業界がたとえ違ったとしても、自分のこれまでの経験をもとに現場で発生している問題をあらゆる角度から考察して、真の原因を発見する。そして、周囲を巻き込みながら解決策を考えて、その解決策を現場と一緒になって汗水をかいて実行していくことができる人がプロフェッショナル人材だと考えている。

つまり、問題点を表面的に整理して、「こんな問題があるからこんな方法があるよ」と評論家的に話をするのではなく、プロフェッショナル人材は「当事者」となって一緒に解決に取り組んでくれる人だ。こういった人材は、どの業種・業界に行っても活躍できる。

例えば、会社の販売が低迷しているため新規顧客開拓が喫緊の課題であったとしよう。国内市場が縮小傾向にある中で、海外市場が伸びている状況があり、積極的に海外展開を行うことで、新たな活路を見出せるとする。

こういった課題を解決しようと経営者が既存の幹部に戦略策定を依頼したとしても、「内向き志向」であったり、そもそも「専門性がなかったり」、「人脈がなかったり」と現実は課題を解決できない。そんな時に海外とのお客様とも商談ができるほど語学堪能で、海外駐在経験もあり、アジア市場に精通している。貿易実務も問題なくできる。これから攻略したい市場の国や地域をよく理解している。…といった人材がもし獲得できれば、ものごとは一気に進んでいく可能性は高い。コンサルタント、JETRO、地方自治体の産業振興支援サービスなど様々な有料・無料のハンズオンサービスはあるが、あくまでも問題解決を実行するのはそういった専門家からサービスを受ける会社であり、専門家のアドバイスを実行していく事務局の担当者の力量が成果を大きく左右する。専門家からのサービスを受けたとしてもその内容を理解し取り組まなければ成果は得られない。

これは、地方の中小企業でよくあるケースだ。せっかく一流のサービスが提供されたとしても、専門家からのサービスを受ける事務局の担当者の理解不足や行動力がないため、プロジェクトが上手く進まないといったことをよく耳にする。また、この手のサービスは外部からのサポートとなるため、毎日進捗のフォローアップがされるわけでもない。プロジェクトはスピード感や問題を正しく理解し正確にやり切る力が必要となり、ハンズオンのサービスは、正社員として雇用するプロフェッショナル人材と比べると実行力という意味ではどうしても劣ってしまう。

プロフェッショナル人材を採用して、様々な経営課題についてリーダーシップを発揮して現場に入り込み、一緒になって解決するのがベストである。

もちろん、プロジェクトの内容や難易度によって、専門家のサービスを使い分けるのも経営者の重要な判断になることを付け加えておく。

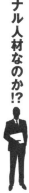

Point!

◇プロフェッショナル人材は、医者・弁護士・会計士・コンサルタントといった専門職ではない。

◇プロフェッショナル人材は、これまで経験したノウハウで業種・業界が違ったとしても、現場に入り込み、一緒になって考え、問題解決ができる。

◇プロフェッショナル人材は、周囲を巻き込み、変革へと導くリーダーである。

◎プロフェッショナルに求められる能力

プロフェッショナルは、専門的なスキルや知識だけでは十分ではない。周囲を巻き込み、変革へと導くリーダーシップがあることが必要だ。

長年働いてきた会社や職場ではなく、新しい職場環境でより短い時間でＷｈａｔ（何を）、Ｈｏｗ（どのように）、Ｄｏ（実行）、Ｃｈｅｃｋ（評価）の仕事サイクルを自ら考え行動するのがプロフェッショナルであり、リーダーと言える。

プロフェッショナル人材にはＨｏｗとＤｏの能力ばかりでなく、Ｗｈａｔを構築する能力、つまり「Ｗｈａｔ構築力」が必要となる。

Ｗｈａｔ構築力は一言で言うなら、問いをつくる力だ。「何？」「どんな？」を常日頃から自分に問いかけ、アイデアを出したり、解決方法を見つける創造的な力をいう。これは、日ごろから意識して仕事をしていないと絶対に身に付かない力だ。

Ｗｈａｔには正解といったものがなく、現場を観察して自分で考えて仮説を立てて行動する行動特性と思考特性の連鎖で身に付ける習慣的能力だ。

この能力がある人は、何もないゼロのところから新しいものを生み出す「ゼロイチ」の人になる。

Ｈｏｗの能力は、既に構築されたやるべきことをスムーズに進められる力をいう。革新的なアイデアは生まれないかもしれないが、「どのように？」を常に考え、改善点を見つけて効率をよくする能力のある人だ。

どこの職場にも、Ｈｏｗの能力が高い優秀な社員はいるかもしれない。

Ｈｏｗは経験と知識と論理思考でいけるが、正解のないＷｈａｔを思いつくのは知識経験だけでは不十分である。

プロフェッショナル人材は、新しい職場で現場を観察して本質的な問題と解決策について仮説を立てて行動する「Ｗｈａｔ構築力が極めて高い人」のことだと言える。

例えば、ある大手精密機械メーカーで工場責任者をしていた人が、中小企業の製紙メーカーに転職したとする。業種が全く違うためものづくりの手法も企業文化も異なる。しかし、工場運営における品質管理や原単位の費用管理などの管理ポイントについて共通するものも多く、Ｗｈａｔ構築力で問題点を把握し、ＷｈａｔをＨｏｗに分解して実行することができれば改革を進めることが可能である。

また、プロフェッショナル人材におけるリーダーシップについても理解しておく必要がある。リーダーシップには、縦型と横型があるが、プロフェッショナル人材は縦型リーダーシップではなく、横型リーダーシップが必要になる。

縦型リーダーシップは、ビジョンや目標を掲げ、それを達成するためにトップダウンで指示を行い、縦の関係で人を引っ張りやる気を引き出すマネジメントスタイルをいう。大企業ではこのタイプの人が責任者になることが多い。

これに対して、横型リーダーシップは横の関係で人を動かすマネジメントスタイルをいう。この横型のリーダーシップは縦型に比べ大変なことも多い。一緒に働くメンバーを理解するために積極的にコミュニケーションをとったり、気配りや感受性を持って１対１で対応することが大事になる。

お客様のニーズや経営を取り巻く環境はこれまでにないスピードで変化してきているため、経営課題はますます難しくなってきている。そして、様々な問題を解決するための取組を進めていくには、トップダウンのリーダーシップだけでなく、組織の壁を越えた部門横断型の横のリーダーシップが重要であり、プロフェッショナル人材はそういった能力を備えている。

Point!

◇プロフェッショナル人材は、Ｗｈａｔ構築力が高く、常日頃から自分に問いかけ、問題解決のために、アイデアを出したり、解決方法を見つけ出す。

◇プロフェッショナル人材は、縦型のトップダウンで指示を行うマネジメントスタイルではなく、横の関係で人を動かすリーダーシップを備えている。

◎中小企業はプロフェッショナル人材がいなければ強い会社はつくれない

地方の中小企業は、取り巻く経営環境がものすごいスピードで変化し、いままでの競合他社だけでなく、新しいプレーヤーが市場に参入してくるため競争も激化してきている。そういった環境で中小企業は生き残りをかけた活動を必死になって日々取り組んでいる。

しかし、従来と同じメンバーで従来と同じ発想の延長線で仕事をするだけでは、どんなに必死になって頑張っても市場がますますグローバル化し厳しい競争の中で生き残るのは難しくなってきている。

社内を見渡してみると新しいことに対して内向き志向で考える社員も多く、自発的に社内からの内圧で変化させるのは難しいのが現実ではないか。もはや、外からの外圧でなければ組織を変化させることができなくなってきている。

現実問題として新たなビジネスチャンスは社内には存在しない専門性や知恵、人脈がないと新規事業の開拓ができないのも事実である。

そもそも地方の中小企業で規模が小さくなればなるほど社内で育成して成長する人材は限られているし、経営者もこれまでそのような人材育成への投資を積極的に行ってこなかった。

これから10年、20年、さらに長い期間事業を成長・発展させながら地方の中小企業が存続していくには前述したとおり、プロフェッショナル人材の力が必要となるのは間違いない。逆に言うと、プロフェッショナル人材をいかに採用して、その人材に成果を出してもらい、次の世代の後継者を育てられるかが将来を見据えた経営にとって勝負の分かれ道になるといっても過言ではないのだ。

プロフェッショナル人材を積極的に採用して強い会社つくることがこれからますます重要となる。

Point!

◇企業を取り巻く経営環境は急速に変化し競争はますます激化している。

◇新たなビジネスチャンスをつかむにはプロフェッショナル人材が備えている専門性や知恵、人脈が必要となる。

◇プロフェッショナル人材を採用して、強い会社をつくろう!

◎全国のプロフェッショナル人材事業の事例発表会

２０１６年３月４日に東京で内閣府主催のプロフェッショナル人材戦略事業ラウンドテーブルが行われ参加した。全国からプロフェッショナル人材拠点の責任者、総合商社・大手メーカー・大手広告代理店など10社及び中小企業から５社が集まりプロフェッショナル人材についての事例発表が行われた。当時、わたしは30代で若手のプロ人材採用事例として取り上げられ、紹介いただくことになった。

わたしの事例の詳細は、第２章で紹介することにするが、この会では「大企業の優秀な人材に地方で活躍する場が提供できないか」を議論した。

あなたは大企業には、海外勤務で定年を迎える人が多いことをご存知だろうか？わたしが以前の会社で海外駐在をしていた頃には、たくさんの人が定年を迎え退職されるのを目にしてきた。優秀な人材であれば、退職後も現地に残って再雇用としてアドバイザーをする人もいたし、日本に帰国して新しい職を探す人もいた。

このラウンドテーブルでは、大企業の部品メーカーY社の事例発表があった。ちなみに、この企業は、海外売上比率8割のグローバル企業だ。事例発表では、50歳以上の海外事業責任者が60歳前に帰国しようとしてもなかなか国内でマッチングするポジションがないことを強調されていた。日本国内の拠点も少なくなってきている中でハイスペックのポジションで働く場所が提供できないということだ。

Y社に限らず日本の製造業は、国内市場の縮小やコスト競争力をつけるために国内から海外へ工場や事業そのものをシフトする傾向がここ数十年続いている。海外での市場が成長していれば、そこではたらく人のポストは用意できるが、海外に赴任して日本に戻ってくるタイミングが遅くなればなるほど同じようなポジションで配属できる職場がもはやなくなってきている。そのため、55歳になると役職定年で退職してもらい再雇用するか他の企業に転職してもらうことを進めているそうだ。

わたしも海外経験があるため感じていることだが、海外勤務は日本の仕事に比べて仕

事の範囲も広く、異文化でのビジネスや商習慣で苦労することが多い。

わたしは上司から「海外勤務は最低でも日本の仕事と比べて2倍以上の仕事をしないといけないから大変だ」とよく言われた。こういった厳しい環境で責任者をしていた人は優秀な人材が圧倒的に多い。そして、このような優秀な人材が新たな就職先を求めるケースがどんどん増えてくるとのことだ。

「これを使わない手はない。」と、わたしの体に電気が走った。

事例発表では、地方創生に貢献できる海外経験豊富なプロフェッショナル人材が移住して活躍できる場を提供できないかを会社の課題として真剣に考えられていた。

また、大手電機メーカーのP社では、セカンドキャリアを40代から描き、希望があれば個別に地方の中小企業とマッチングするといった取組を行っている。

P社は、国内従業員数が数万人もいる巨大企業だが、実際にセカンドキャリアに手を挙げる人材は200～300人と割合としてはまだまだ少ないが具体的にキャリアデータがリスト化されマッチングの体制は整っている。わたしもリストを見ながらマッチングしそうな人材がいるか見てみたが優秀な人材がそろっていた。メーカーということもあり工場管理の責任者は人気が高いそうだ。

いずれにしても、55歳役職定年を迎える人材が地方でも活躍できる場を提供してもらいたいというのが参加していた大企業の大方の見解であった。ラウンドテーブルに参加した企業だけでなく、これからますますこういった人材が増えてくることが考えられる。わたしは大企業の55歳以上の役職定年で海外勤務経験者をターゲットにすれば、地方に呼び込めるのではないかと強く感じた。

後述になるが、わたしはこれを機に大企業の55歳以上の役職定年で海外駐在経験者をペルソナとしてプロフェッショナル人材の採用について積極的に活動をスタートさせた。

Point!

◇大企業では50歳以上の海外勤務者が日本に戻る場合、同程度のポジションでマッチングする職場がなく、地方の中小企業への転職支援も選択肢として検討されている。

◇大企業の55歳以上の役職定年で海外駐在経験者を狙え!

第2章

プロフェッショナル人材を採用すると自社のビジネスはどう変わる？

ここまで読んできて、プロフェッショナル人材について少し理解が深まりましたか?

「う〜ん。専門家とプロフェッショナル人材の違いや大企業のプロフェッショナル人材が地方で活躍できそうなのは何となく分かったんだけど…。具体的に異業種のプロフェッショナル人材が中小企業にやってきて、会社が変わるかがイメージできないんだよね。」

あなたの気持ちはよく分かります。

ただ、プロフェッショナル人材と専門家との違いや大企業の置かれている環境でプロフェッショナル人材がたくさんいることが分かっただけでも、大きな進歩。

なぜなら、この本を読んでいないほとんどの人は、専門家からのサービスを受けたり、社内の人材を上手く活用すれば会社を改革できると思っているからだ。

ここからは、わたしが経験した具体的な事例でプロフェッショナル人材のことを深堀りしてみる。

まず、内閣府のプロフェッショナル事業でも取り上げられたわが社の取組について紹介した後、具体的な事例についてみていくことにする。

◎プロフェッショナル人材がもたらした組織の大革新！

わたしは、大学院で経営学や会計を学び卒業後に大手電機メーカーに就職した。学生時代に身に付けた英語力と会計を自分の強みとして、希望していた経理部門に配属されることになった。入社後には、10年以内に海外拠点でCFO（最高財務責任者）になることを目標に掲げ、いつかは海外で働きたい。そんな強い思いをもって、夜間大学院や語学スクールでスキルを磨き続けていた。

入社6年目にチャンスをもらいはじめて台湾へ海外赴任することになった。英語圏への海外赴任を考えていたので、台湾への赴任には正直驚いたがこの台湾への赴任がその後のわたしの人生を豊かにしてくれた。

上司からは「母国語以外の言語で英語プラス他のもう1言語は話せるようになれ！」とよく言われていた。台湾赴任の2年間は中国語を一から学び、夜間と週末は語学スクールに通い続けた。

台湾での仕事は日本で経験できない大きな仕事をたくさんでき、企業合併、赤字事業の再編、組織改革など多くのことを経験することができた。

2年間の実務を経験した後、マレーシアで液晶パネルの工場を立ち上げる話をもらい、新会社に経理・人事担当の役員として出向することになった。

当時、世界中で不足していた液晶パネルの供給のため毎年倍々ゲームで生産が増えていった。生産量は事業立ち上げの1年目に130万台、2年目に330万台、3年目には480万台と3年間で3倍以上に急拡大し飛ぶように売れた。生産量が増えるに伴って、人員も必要となり事業開始から3年間で2500人まで人員は膨れ上がり大規模の工場になった。

工場は、クアラルンプールの工業団地にあり、現場で働くワーカーの人材は争奪戦となっていたため人材の確保は難しい状況が続き、周辺企業はどこも苦戦していた。
「明日までに50人足りない」「週末は100人足りない」といった状況が続いていた。そんな中で、郊外の田舎から人材を大人数雇用し、工場近くの寮に住んでもらったり、ミャンマー人、ベトナム人、インドネシア人といった外国人も積極的に採用することでなんとか人材を確保できた。出稼ぎ労働者である外国人は、比較的長期安定雇用が期待できるため人数を増やしていったが、マレーシアではマレー人を優遇するブミプトラ政策というものがあり、外国人労働者の人数規制で200人程度しか雇用できない状況にあった。

地方からの人材、外国籍の人材など多国籍で異文化の人種が、一つの工場で働くことになったから大変だった。血の気の多い若者が多く働いていたため、宗教、民族などの違いもあり喧嘩騒動、揉め事など日常茶飯事に事件が発生していた。

このようにして事業は急拡大していったが、液晶パネルの事業環境は極めて難しく競合他社との激しいコスト競争、顧客からの高い品質要求への対応など経営状況はあっという間に厳しくなった。会社設立4年目に親元である日本の本社は日本国内及び海外拠点の大リストラを決断し、わたしの勤務していた工場も閉鎖に追い込まれることになった。

各地にあった工場や事業所の閉鎖だけでなく、関連事業にかかわる55歳以上の社員は全員退職対象となる厳しいリストラとなった。供給責任があるため一度に生産を止めることができず、２５００人いた従業員を毎月２００人程度解雇しながら生産量を少しずつ調整して、１年かけて工場を閉鎖することになった。集団による暴徒化のリスクもあったため、事業終息の従業員発表の際は警備員を配置したもろもろしい厳戒態勢で行われた。

わたしの車のタイヤをパンクさせられるのはあたりまえ、人事に所属していた部下の自宅マンションに何者かが押し入り車が壊されたり、バイクが燃やされたり、かなり過激なこともされながらもリストラを断行したのを強烈に覚えている。夜遅くまで会社にいると危険なため、早めに切り上げ、帰宅の際は、誰かに後をつけられるとまずいので帰り道は毎日変えることをしたり、１年間大変な思いをして過ごすこととなった。

会社清算の時期に妻が妊娠中であったこともあり、安全に出産してもらうため一足先に帰国してもらうことにした。その間、一人でいる時間も長くなり帰国後のキャリアについて考えるようになっていった。

働く時間は、毎日8時間以上あり人生の中でも多くの時間を費やすことになる。働くことは生き方であり、人生そのものといえる。自分の価値観、大切なものをどこに置くのかが大事だとある時気づいた。

そして、これまでのキャリア志向から一変して、家族の時間と仕事の時間のバランスを両立させる、ワークライフバランスを重視することにした。当時、妻が出身地である高知県で里帰り出産することになり、長男の小学校への入学などタイミングが重なり高知県での就職を決意し、キャリアチェンジをすることとした。

いま思い出しても本当に大きくキャリアを振ったと思う。

高知県での転職活動中に新工場の建設中で幹部候補生を探していたいま働いている「廣瀬製紙株式会社」と出会うことができ、プロフェッショナル人材として採用してもらう

ことになった。

【廣瀬製紙がプロ人材を採用したきっかけ】

廣瀬製紙の前身は、土佐和紙の小さな工房であった。地元には数十社の和紙の会社でにぎわっていたそうだ。創業者の故・廣瀬晋二は60年以上前に土佐和紙でのビジネスに限界を感じ、新たなビジネスチャンスを模索されていた時期でもあった。京都大学の先生が、高知に新しい繊維について講演される機会があり、それを聴講していた創業者は感銘を受け、これをビジネスにしたいと思い、京都大学の門をたたくことになった。

１９５４年に創業者が京都大学高分子科学研究室と共同研究にて日本で最初の合成繊維ビニロンを用いた湿式不織布の開発に成功し、その成果をもとに１９５８年に廣瀬製紙株式会社を設立することになった。

とはいっても、会社を設立しても機械はなく、すぐには量産することができない状況だったので、昼は土佐和紙工房で日銭を稼ぎ、夜は量産機の開発に没頭しまくった。

創業当時から高い技術力が認められ、アルカリマンガンのセパレータの事業で成功をおさめ、新しい素材で新しいモノづくりに日々挑戦していく中で、事業は右肩上がりに伸びていった。

しかし、2000年以降先進国から中国へのものづくりが積極的に行われ、コスト競争や競合他社の出現など会社を取り巻く環境はより一層厳しくなり、業績が伸び悩む状況が続いていた。そんな中、新規事業として取り組んでいた水処理膜や車載用バッテリーセパレータなど少しずつ芽を出しはじめ、さらなる事業拡大と新規顧客開拓を目指すために最先端の設備を導入した新工場の建設が決定することになった。

そのため、中期計画における事業戦略の構築や、盤石な管理部門を整備する必要ができて、組織の変革を担える人材を探していた。

【プロ人材採用により得られた効果】

わたしは、前職での工場立ち上げ経験や海外勤務経験を活かし、新工場の人員採用や労務管理をはじめとした、従来とは異なる経営管理システムの構築に積極的に取り組んだ。まず、2週間程度、現場の工程や各職場を一通り周り、経営数値を整理しながら課題をまとめていくことにした。わたしが感じた入社後の印象は、「なぜか現場に緊張感がない」「他責の文化」「リーダーシップをとった活動が行われていない」などネガティブなものばかりだったことを覚えている。

「さあ、どこからやろうか？」日々思考する中で本質的にはＰＤＣＡのサイクルが上手く循環していないところが根っこにあることに気づいた。

そこで、改革プランについて検討した結果、①予算管理制度の導入、②不適合品（不良品）在庫の処置、③5Ｓ（整理、整頓、清掃、清潔、しつけ）の徹底の3つの重点取組を掲げ取り組むことにした。

当時の社長からは、課長職以上全員招集してこれらのまとめた課題と3つの重点取組について報告するよう指示があり、入社2週間で課題レポートをパワーポイントで数十枚一気にまとめ上げ課長職以上20名を会議室に緊急招集して、課題と今後の重点取組について説明をした。説明を聞いて「ポカン」としている人が多かったのをいまでも記憶している。

いまでこそ、図解を使ったパワーポイントで課題などを整理して報告する社員が増えたが、当時は報告と言えばワードが主流だったのでその点もこれまでと違う印象を受けた人が多かったようだ。

大企業には、たくさんのスタッフと経営をマネジメントしていく上でのシステムがあり、お金をかけたＩＴ投資も行われ効率的に運営されているのは間違いない。特に、上場企業は会計監査や社内の経営監査なども定期的に行われ、厳しく管理されている。わたしが海外駐在期間中にも経営監査が入り、いろんな角度から指摘され改善を要求された。結果が悪ければ「経営者が交替する」ことも日常的に行われる。これが上場企業の厳しい管理だ。こういったことを考えていくと大企業ではあたりまえにできていることが、地方の中小企業ではほぼできていないことを痛感する。

いまでは笑い話でよく話すが、お客様との接待交際費や消耗品の購入などで従業員が費用を立替えるいわゆる「現金立替精算」をする際に、従業員が領収書を経理に持ってきて、「交際費の精算してもらえる」「はい、分かりました」…と経理は領収書と交換に引き出しからお金を渡していたのを見た時は衝撃を受けた。

現金の管理も基本ができていないし、部門責任者の承認があるか分からないような領収書だけの精算はありえない。

わたしは、海外経験の際に小口現金など現金での精算は特に不正が発生するリスクが多いことから、個人又は法人クレジットカードの利用や社内承認システムを導入するなど徹底的に管理した。現金の管理が甘いと経理の全ての仕組みが甘い。一事が万事、会社の基本的な仕組みを整備することがわたしの急務な仕事となった。

ここからは、前述の3つの重点取組の概要について事例を紹介する。

（1）予算管理制度

「予算管理はうちもしているよ・・・」という中小企業の経営者は多いと思う。わたしの会社もご多分に漏れず部門ごとの予算を立てて科目毎に実績と比較して予算の範囲に収まっているかをコントロールされていた。予算管理制度を充実させるポイントは、①毎月の実績をいかにタイムリーに関係部門へ提供できるか、②提供された内容による数値の差が明確であるか、③予算と実績差の分析結果を議論する場があるかなどがあげられる。このように細かく管理していきながら従業員の意識改革を行い、コスト感覚を身に付けていくことが大事となる。そして、これらの内容を仕組化しＰＤＣＡを回すことが必要だ。

もう少し詳しく見ていくことにする。

①毎月の実績をタイムリーに関係部門へ提供

経営数値を正しく理解し、改善活動を促していくには分かりやすくタイムリーに情報を関係部門に提供することは必要不可欠となる。

「あなたの会社は、決算数値をどのタイミングで報告されていますか？」

年1回の「本決算」、3ヶ月に1回の「四半期決算」、月に1回の「月次決算」を行うのは当然だが、月次決算を締めるまでに1ヶ月以上かかっているとすると、将来打つ手も遅れてしまうことになる。決算書は過去の結果なので、情報が遅れると古新聞になってしまう。わたしの会社も、入社当時は月次決算が2週間以上かかっていた。

「このままではまずい。何とか月次決算の早期化をしなければ・・・」と思い、早速取り組んだ。

経理の業務プロセスを担当者にヒアリングしながら一つ一つ洗い出し、決算業務のどこに時間がかかるかを突き止めていった。地道にこういった作業をすることで月次決算のボトルネックが見え始め、経理システムやそれにまつわる仕組みを毎月少しずつ見直しすることで、なんとか月初5日以内に決算が完了できるようになった。大企業の場合、早ければ1日〜2日程度で締めることも可能だが、中小企業の場合は取引先が中小零細の企業も多いためどうしても請求書などの入手までに時間がかかる傾向にあることは否めない。中小企業であれば、まず月初5日以内に締めることができれば合格点と言えよう。

②提供された内容による数値の差が明確

月次決算で各部門に提供される数値はたくさんある。その中には、旅費や消耗品など部門にとって管理可能なものや生産の状況により変動するものなど様々だ。管理する科目も何でもかんでも一つにまとめるのではなく、できるだけ細かく分類することができれば、予算と実績の比較で内容を分析することができ、後のアクションにもつながりやすくなる。

例えば、消耗品費でも「消耗品費」と一つの勘定科目だけで管理するのではなく、消耗品費の中に文房具代、書籍代、パソコン代、用具費用、事務用机・椅子代、修理部品費、灯油代、運転消耗品費など消耗品費の用途によって24個に分類している。他の科目も同様に細かく分類して予算を立て、実績は細分化したもので比較することで次のアクションにつながりやすくなる。

こういったシステムの整備や仕組みの設計は、地方の中小企業ではできていない。

③ 予算と実績差の分析結果を議論する場

頑張って月次決算を5日以内で締めて、経費管理もかなり細かく分類して予算と実績の差を比較できるようになったとしても、報告する場や議論する場がないと「できた」「できなかった」の結果管理になってしまう。

これでは何のために仕組みを作ったのか分からない。

「月次決算検討会」や「予算検討会」など毎月経営陣と議論する場を作ることが大切だ。ただ報告するだけでなく、今後の展開も含め議論できるようになってくると改善が進んでいくことは間違いない。

このように、予算管理制度と一口にいっても月次決算の早期化をしていく仕組みづくりや実績の結果が次のアクションにつながるように細かく管理していくなど奥が深く骨の折れる作業になる。しかし、このような管理手法は、基本を押さえていれば、どんな業界でも通用する。

地方の中小企業では、経理の人材も他の業務と兼務していることがほとんどで、とにかく目の前の仕事をするので精一杯。これが実情だろう。

しかし、経理の仕組みづくりができるプロフェッショナル人材がいればこのようなことをあっという間にできてしまう。

「緊急で重要なこと」はすぐにやらないといけない事柄のため必死にやるが、「緊急ではないが重要なこと」は後手に回り、気が付いたら何も進んでいないことは往々にしてある。プロフェッショナル人材であれば、こういった問題も解決してくれる。

月次決算をいかに早く締められるかは、会社の経理の実力を図るバロメーターになる。あなたの会社も、月次決算完了月初5日以内を目指そう！

(2) 不適合品（不良品）在庫の処置

製造業であれば、ものづくりをしていく中で不良品はやむを得ず発生する。ただ、不良品となったものでも他商品への転用や修正できるとなればそのように処置をすればよい。しかし、「転用先がなかなか見つからない」「修正しようとしても作業時間がかかるので後回しにしている」などいくつかの理由で対応が遅れることはよくあることだ。

こういったものを放置しておけば、現場や倉庫に不良品が少しずつ積み上がり長期間保管されることにつながる。不良品在庫も資産として計上されているため、廃棄するとなれば決算にもロスとして計上され経営へのインパクトは大きい。とりわけ、長期間ほったらかしにして不適合品在庫が積み上がっていれば経営への影響は甚大になる。

わたしが、入社後の現場研修で各職場を巡回した際に不適合品の山が倉庫や現場にたくさんあった。どこの工場でも倉庫の奥や隅っこには、こういう不適合品がよく置かれている。案の定、巡回の際に倉庫を見ると保管されている場所の奥の方までぎっしりと不適合品在庫があった。こういったものを一つずつリスト化して現物と在庫を確認しながら対応について協議する必要がある。

リスト化してデータを見ると5年間放置されていたものもあり長期間放置されていた状況であった。

長期滞留在庫は、ほっておくとすぐに増えていくので、滞留在庫管理、滞留在庫検討会など仕組みを導入しながら改善に取り組んだ。

滞留在庫や不良品在庫の管理で悩まれている経営者は実に多い。毎月しっかり状況を把握できる体制を整備して、月次管理をしながら今後の対応を検討していくことが中小企業にとっては死活問題になる。

特にメーカーで不適合品在庫を帳簿に計上されたままの場合は注意が必要である。

(3) 5S(整理、整頓、清掃、清潔、しつけ)の徹底

「5S活動は、わが社でもやっている」という企業はたくさんあるかと思う。この5Sはものづくりの基本中の基本となる。わたしは5S改善が現場を変えると考え徹底的に取り組んだ。

わたしは、前職がメーカーであったこともあり、取引先も含めて国内・海外で数多く

の工場をこれまで見学してきた。そんな経験から、５Ｓの活動がしっかりできている工場は品質も良く間違いなくもうかっていた。５Ｓの管理ができていなければ、ものづくりにムリやムダも多くみられる。

日本電産の会長永守氏は「汚い水の中では良い魚は育たないのと同様に、汚い工場からは決して良い製品を生み出すことはできない」とよく言われている。

入社当時を思い出すと、現場には足の踏み場もないほど工具、備品、遊休資産で埋め尽くされていた。「何でこんなにものがあるのか？」「本当にこれいるの？」「この場所は何を置くの？」頭の中は「？？」

「これはまずい」と思い、５Ｓの中でも１Ｓ（整理）からスタートすることにした。

「徹底的に不要なものは捨てる！」ことを決め、とにかく捨てまくった。

社長をトップとした５Ｓ推進体制も作り、毎月全工場巡回をチームでしながら改善エリアの指摘を行った。それまでも、５Ｓ活動にチャレンジしていたが、指摘されたこともほとんど放置されていたため、なかなか改善は進まなかった。

「とにかく捨てよう！」

1S（整理）は要るものと要らないものを分け、要らないものを捨てることをいう。なかなか、現場での分別が進まないので、巡回しながら「不要」と思われるものには赤札を貼って1週間以内に「必要」との回答がなければ廃棄するルールを作った。1年以上かけて徹底的にこういう活動をやり続けた。

「これいりますか？」「とりあえず置いといて」・・・こんなやり取りを毎日のようにしたのをよく覚えている。

もし、あなたの会社で1Sをしたとする。必ず「とりあえず置いといて」という人がでてくる。この「とりあえず」がくせ者でほとんどの場合使わないことが多い。

自分の家の中のものを整理するときを想像してみてほしい。

「なんかあった時のために、とりあえず置いておこうか」・・・といった思考になるとなかなかものの整理が進まないのと同じだ。

いままでは現場から「これ要らないので捨てます」「これ要りますか?」といった言葉があたりまえのように聞こえるようになったが、当時、現場で「要らない」と言われて廃棄場所に移動したモノが翌日になると誰かがまた現場に移動しているようなことがよく起こった。「要らない」と言ったから移動させたのだが、他の人が「要る」と思ったのだろう。

こんなことを繰り返しながらトラックに不要なものを山積みにして、毎週何往復もして片づけた。かなりの量だったのでやりやすい職場から順番に行っていった。

すぐに処分することができない場合も多かったので、一回整理して、また何か月かしてもう一回整理して、また何か月かしてもう一回整理するといったように定期的に行うことで少しずつ整理を進めることができた。

3年くらいかけてようやく全職場の整理がほぼ完了したように思う。

5Sの取組では、整理・整頓と呼ばれる2Sが徹底できなければ、次のステップに進んでいくのは難しい。

「整理」でいるものといらないものを仕分けして、いらないものを捨て、「整頓」で必要なものをいつでも誰でも取り出せるよう、秩序立てて配置するために、置き場決めと表示を徹底的に行った。

入社したばかりの頃は、よそ者がいきなり来ていままでやっていたことと違うことをやろうとしたため当然アウェー感もあった。そういった中で賛同者を増やすことにも苦労したが、わたしはある言葉に出会い救われた。

「変えられないものは他人と過去、変えられるものは自分と未来」

そうか、他人に自分の考えを押し付けるのではなく、まずは自分が改善することを通じて結果を出すことが大事だ。それを続けていけば賛同者が増え、周囲に影響を及ぼすことができるのではないかと考えるようになっていった。

とにかく、現場の景色が変われっていけば、「皆が変化したことを肌で感じることができる」と考え、すぐに見た目の変化が分かるようなこともよく行った。

通路と作業エリアの区分、表示方法、5Sチームによる管理などマニュアルを整備しながら仕組みづくりも同時に行った。

工場には、「感動5Sで感動工場をつくろ！」の大きな掲示物をして、これをキャッチフレーズにして5S活動に積極的に取り組んだ。

お客様が工場見学に来られて入口に入った瞬間に「この工場は、スゴイ！」と思ってもらえることが大事だ。

お客様の期待を上回ることこそが感動であり、感動してもらえる工場を目指すために徹底的に取り組んだ。

それとあわせて、「とにかくまずはやってみる」を行動指針として掲げ、毎日唱和してもらうことで改善活動の意識づけも同時に行った。改善することに躊躇するかもしれないが「やってみてだめだったら戻せばいいだけのこと」とよく言っている。

中小企業の経営者と話していると５Ｓ活動を推進してもなかなか変化がないことにモヤモヤされている。そんな経営者には、まず１Ｓからスタートすることをお勧めする。

経営者が先頭に立って取り組んでいけば必ず道は開けてくる。

これまで述べてきたような取組だけでなく、製造リードタイムを短縮することを目的とした「ものづくり改革プロジェクト」、事業領域毎の事業戦略を開製販一体となって考え行動していく「事業の柱プロジェクト」、「小口現金のキャッシュレス化」、「電子決裁ワークフローシステム」の導入、「バランスシートの健全化」など数々の手を打ちながら事業運営の仕組みづくりを行うことで改革が進んでいった。

（参考）プロフェッショナル人材活用ガイドブック（著者紹介事例）
https://www.pro-jinzai.go.jp/jirei/pdf/guidebook_h27.pdf

Point!

◇３つの重点取組で会社を改革。①予算管理制度の導入、②不適合品の処置、③５Ｓの徹底

◇月次決算は、会社の経理の実力を示すバロメーター。中小企業は、月初５日以内に締めることができれば合格点。

◇長期滞留在庫や不良品在庫は、月次で状況把握して早期対応が必要。

◇５Ｓ活動は、ものづくりの基本。まずは１Ｓから始めよう。

◇プロフェッショナル人材が会社の変革を担う。

◎なぜプロフェッショナル人材でなければいけないのか⁉

高度経済成長期のようにモノを作れば売れた時代も終焉し、企業間での競争は日を追うごとに激しくなってきている。中国やアジア諸国といった安価な労働力を使ったモノづくりで、コスト競争力をつける企業が増える中、中小企業にも影響が出てきている。それだけではない。大企業も一昔前のように簡単にモノが売れなくなってきているため、新たなビジネスチャンスがどこかにないかと探し続けている。

大企業は大きな市場を狙い、中小企業は比較的小さな市場で生存してきたが、もはやこのような棲み分けはなくなり、大企業は中小企業が得意としていたニッチな市場にどんどん参入してきている。中小企業を取り巻く経営環境はますます厳しくなってきているのだ。

加えて、地方の中小企業にとっては、人口減少、少子高齢化が進むにつれ、地元出身の優秀な若い人材は都心部に流出し、人材の確保は容易ではない。ビジネスにおいても、新規顧客の獲得、海外への販路拡大、毎年ハードルが高くなる顧客からの品質要求、コストダウンの要求など新たにチャレンジすることが増え続けている。

わたしたちはビジネスのやり方自体を転換する時期に来ており、これまでの延長線上で仕事をしている管理職だけでは、このような厳しい経営環境を乗り越えることは現実的には難しい時代になってきている。

世代交代で親から事業を引き継ぐ若手の経営者はこの難局を従来メンバーでどのように戦っていくか日々悩まれているが、従来と同じ人が集まり同じ考えだけでは、新しいアイデアや取組ができない。

わたしはこういった環境を乗り切るためには、外部から新しい人材を雇用し、これまでにない発想と取組で会社を変革させていく必要があると思う。

わたしはプロフェッショナル人材を積極的に雇用して、既存社員とのハイブリッド型で成長戦略を描いていくことこそが解決策であると信じている。

Point!

◇地元から優秀な若い人材が都心部に流出する状況が止まらず、人材確保がますます難しくなってきている。

◇市場環境の変化や顧客からの要求も厳しくなってきている中で、これまでの延長線上の仕事のやり方では乗り切ることができない時代がやってきた。

◇こういった環境を乗り切るためには、プロフェッショナル人材が力を発揮し、既存社員とハイブリッド型の経営が必要である。

◎知っておくべきプロフェッショナル人材5つのタイプ

プロフェッショナル人材と一言で言ってもプロフェッショナル人材にはいくつかのタイプがある。ここでは、5つのタイプを紹介する。あなたの会社の悩みを解決するプロフェッショナル人材がどのようなタイプに当てはまるかをイメージしながら読み進めてほしい。

① 経営人材

経営における課題は業種・業界、会社によって様々ある。そんな経営課題の解決を行い、経営者の右腕として経営をサポートするのが経営人材だ。経営者の参謀役のイメージをしてもらうとよい。会社の経営ビジョンから将来の中・長期の事業戦略について、描くことができる能力が必要となる。大手企業の子会社で経営者として経営課題に取り組んでいた人材や事業企画責任者で経営者と事業戦略を描いていた人材がよい。利益をしっかり稼ぎながら、着実に成長を実現していくための戦略を描く必要があるため、経営数値感覚を持っていることは必須だ。

②商品開発人材

地方の中小企業は、とにかくいろんなことにチャレンジして新しい商品を開発している。しかし、経験や勘だけで勝負すると市場で勝てる確率はどうしても低くなってしまう。市場の状況（Ｃｕｓｔｏｍｅｒ）、競合の状況（Ｃｏｍｐｅｔｉｔｏｒ）、自社の状況（Ｃｏｍｐａｎｙ）といったいわゆる3Cと呼ばれる分析をはじめ、収益性の採算検討、商品開発段階でのコストダウン検討などマーケティングを意識した商品開発を行い、商品開発から市場投入までの社内プロセスもしっかり構築することが必要となる。大手企業の商品開発責任者や同業者で商品開発責任者として成果を上げた人材が適任だ。

③販路開拓人材

地方では地産地消のビジネスで従来は成り立っていた企業も多かったが、最近はこのようなビジネスモデルが成り立たなくなってきている。インターネット通販を始め海外に活路を見出し、積極的に海外に進出する企業も増えてきている。海外でのビジネスは、言葉の問題、その地域の商習慣、文化など様々なことを理解して取り組まなければ、取引が上手くスタートできなかったり、スタートできたとしても取引開始後に債権回収、品質補償、貿易実務など大きなトラブルが発生するケースもある。商社やメーカーで海外駐在経験があり、販路開拓の経験者や海外拠点の立上経験者などが適任だ。

④生産性向上人材

地方のメーカーでは、管理職や次世代リーダーの人材不足は否めない。特に、工場全体をマネジメントできる人材は不足している。新規事業の開発や新たな販路拡大となれば顧客から要求される内容もこれまでと異なってくる。管理レベルをワンランク上げることも必要なことが多い。工場内でのオペレーションのＩＴ化を進めたり、経営管理数値の見える化などを進めながら生産性を向上させていくことが求められる。コミュニケーションをとりながら進めていくことが多い役割となるため、部門横断的なコミュニケーションができる工場長経験者や開発責任者が適任だ。

⑤ 事業再生人材

最後に事業再生人材を紹介する。事業が停滞気味であったり、成長性が見込めない場合は事業再生が必要となる。そんな時は、事業売却や合併、リストラなどを検討していくことになるが、かなりの専門知識と実行力がいる。金融機関で事業再生をたくさん経験している人材や事業再編の経験が豊富な財務責任者が適任であろう。

Point!

◇プロフェッショナル人材は５つのタイプ。
会社の課題解決にはどのタイプの人材が適任か考えよう。

タイプ	仕事内容	キャリア
①経営人材	経営分野の課題解決を行い、経営者の右腕として経営をサポート	経営者、事業企画責任者
②商品開発人材	新たな商品開発	商品開発責任者
③販路開拓人材	海外販路開拓、海外拠点の立上など新たな販路開拓	商社やメーカーでの海外経験者
④生産性向上人材	製造現場、開発現場、サービス業のオペレーションなどの生産性向上	工場責任者、開発責任者
⑤事業再生人材	事業再編、財務改革など停滞している企業価値を再生	金融機関等で事業再生の経験者、財務責任者

第3章

プロフェッショナル人材は、中小企業の救世主になるか!?

想像してもらいたい。

あなたの会社にプロフェッショナル人材がある日やって来たら会社はどうなるか？

「経営者の参謀役となる経営人材が中・長期のビジョンを描いて進むべき方向性が明確になった」「元商社マンの販路開拓人材が東南アジアの販路を開拓して新規のビジネスが増えた」などイメージが膨らんでいくと思う。

でも、「仮にプロフェッショナル人材が会社に入社してくれたとしても実際活躍してもらえるのか？」と「まだまだ不安」とあなたは思っているかもしれない。

本章では、プロフェッショナル人材が、経営者の悩みを解決してくれる救世主になるかを「中小企業の経営者の悩み」や「プロフェッショナル人材を採用していく上での心構え」を見ていきながら解説していく。

◎中小企業の経営者の悩み

あなたが中小企業の経営者だとしたらどんなことに悩んでいますか？

国内需要、地元需要が毎年減少しているので既存顧客が減っている。売上が伸びないため新規事業を常に開拓し続ける必要がある。会社を取り巻く環境が変化しているためいままでと違うことをする必要がある。社内を振り返ってみると社員が育ってなく、現状を打破できる優秀な社員がいない。新しいビジネスを展開するための運転資金が不足している。他責で物事を捉えるため社員間でのチームワークが悪い。業績が低迷してきているため資金繰りが容易でない。海外からの安価なものが入ってくるため、市場価格が下がってきている。新しい商品を企画して市場に参入していきたいが商品開発力が低い。などなど…社長の悩みは尽きない。

中小企業の場合、トップダウン構造が多く、様々な場面での重要な意思決定が社長に集中している。そして、役員を家族や親族で固めた経営をしている中小企業は本当にたくさんある。

一方で、中小企業の社長は、あらゆる場面で多面的、中長期的な経営判断能力をもっている人が非常に少なく、特に経営数値の内容や決算書の仕組みを理解している経営者は本当に少ない。わたしもこれまでに多くの若手経営者と議論したり、セミナーに参加してもらったが、若手経営者で会計を理解されている方は本当に一握りだ。

また、社長自身が技術者であったり、営業マンであったりとスペシャリストタイプが多い。このような状況なので、中小企業の社長の悩みが尽きないのは、当然の成り行きになる。中小企業の社長の悩みは、売上が伸びない、コストがかかりすぎる、資金繰りができない、社員の採用、育成ができない、戦略立案、組織マネジメントがないなど多様だが、要するに社長の右腕が必要といえる。

そして、その右腕の役割を果たすのがプロフェッショナル人材になるのだ。

Point!

◇中小企業の経営者の悩みは尽きない。多面的・中長期的意思決定をサポートする右腕が必要。

◇そんな経営者の悩みを解決するのは、右腕の役割を果たすプロフェッショナル人材。

◎とにかくまずはやってみよう！

プロフェッショナル人材の採用手法については後述するが、ここまで読まれたあなたには、是非前向きにプロフェッショナル人材の採用にチャレンジしてもらいたいと思っている。

わたしは、これまでに内閣府のイベントやＮＨＫの取材、地方自治体からの依頼を受けてプロフェッショナル人材の採用手法や採用することによる効果などを様々な場面で情報提供している。しかし、「なかなか一歩を踏み出さない人が多い」とわたしはよく口にする。人事部門の採用担当者、採用責任者、経営者などそれぞれの立場の方が話を聞いて「うちもやってみたい」と言われるケースはよくあるが、数か月たって話してみると「いろいろあってまだやれていない」と言われる。関心が非常に高く、セミナーでもあれだけたくさん質問されて、前向きになって、「やってみます！」・・・と言って帰った人たちがなぜか行動に移せない。

誰でも失敗することが怖いのか？

失敗すれば、マイナスの評価をされることもある。既存社員との関係が解決できないから時期尚早などできない理由がどんどん頭に浮かぶ。

なので、なかなか行動に移せないのが実情かと思う。

そこで、行動変容を変えるような、きっかけや言葉が必要になる。

わたしは、製造現場の改善に取り組んでいるときにある言葉に出会った。「とにかくまずはやってみる！」

これだ！と思い、「とにかくまずはやってみる！」を合言葉に会社の行動指針に掲げ、現場の改善に取り組んでもらっている。

トヨタでは「6割いいと思ったらやれ」という言葉があるそうだ。この6割というイメージがちょうどいいらしく、5割となると確率は半分半分。成功するか、失敗するか、その確率は同じになる。となると、成功するのが難しいと感じてしまう人が多いようだ。

逆に、「7割いいと思ったらやれ」「8割いいと思ったらやれ」だと成功して当り前のレベルという印象になってくるので、失敗をしないように慎重になってしまう。やはり、6割がちょうどいい。

プロフェッショナル人材の採用をはじめてしようとされている方でなかなか行動に移せないときは「とにかくまずはやってみる！」を口に出してみて是非チャレンジしてもらいたい。

Point!

◇プロフェッショナル人材の採用に一歩を踏み出せないときは、「とくにかくまずはやってみる!」を合言葉にチャレンジしよう!

◎事業は人なり！人が変われば会社も変わる！

やる気も高まってきたところで、わたしがはじめて体験したプロフェッショナル人材の採用で会社がどのように変わったかを紹介したい。

わたしは、以前大手電機メーカーに勤務、マレーシアで経営管理担当役員として人事部門の責任者をしていた。当時、液晶テレビのパネル事業の会社を立ち上げたばかりであったが、世界中でひっ迫していた液晶テレビのパネル供給のため、増産に次ぐ増産で製造現場が混乱していた。常に現場はフル稼働で生産能力を上げるために、製造工程のライン増設が頻繁に行われ、日本からもさらなるコストダウンを行うために大型設備の移管もした。急激に事業が拡大していく中で、それに伴う人員の採用・育成も大きな課題となり、日々起こる問題に頭を抱えていた。

会社立ち上げ当時は数十人程度だった人員も3年後には２５００人まで膨れ上がり、

右肩上がりで大きな会社になっていったが、製造現場では、ものづくりをする人材の成長が事業成長のスピードに追い付けず、品質トラブルが頻繁に発生し、製造現場や倉庫には不良在庫が溢れかえるほどひどい状況にあった。

増産に次ぐ増産で1日当たりの生産台数が2万台を超えてくると、不良品の数も一気に増え、倉庫に4~5m位の高さに積み上げられた不良品が所せましと置かれ、歩けないほどの状況になった。作れば作るほど不良品がたまり、置き場を占有する。24時間フル稼働であったため、毎朝出勤すると夜中に生産した不良の山が倉庫に増えている。こういった状態が続き、製造部門で機能不全に陥っていた。

「これはまずい!このままでは、組織が崩壊する」

工場を正常化し、組織変革を担えるプロフェッショナル人材を探すことを決め早速動いた。

プロフェッショナル人材の募集要件として、①海外工場勤務経験者②工場立ち上げ経験者③英語での工場運営経験者を掲げ人材を探すことにした。そして、運よく上記の3

要件にマッチングする人材を見つけ出し採用することになった。

プロフェッショナル人材が新たに工場長として加わり、製造現場の改革がスタートした。工場現場の5S活動、ローカルマネージャーの教育、品質改善活動などいくつかのプロジェクトを通じて、現場はみるみる変わっていくことを体感した。プロフェッショナル人材を採用して半年後には、品質ロス削減で収益性改善、不良在庫の一層、現場管理者の育成など工場の景色が一変した。

わたしは、この変化していく現場を肌で体験して、プロフェッショナル人材を採用すれば会社は変わることを確信した。

会社は一人のリーダーで大きく変わることができる!

会社が中・長期的に進むべきビジョンや方向性があり、現状とのギャップがあればそれが課題となる。そして、この課題を解決できるのが既存の社員であればわざわざプロフェッショナル人材を採用する必要はない。しかし、現状のやり方や取組で課題を解決できないのであれば積極的にプロフェッショナル人材を採用すべきだ。

Point!

◇プロフェッショナル人材は、会社の変革を担えるリーダー。

◇プロフェッショナル人材の採用で会社は変わる!

第4章

絶対に知っておきたい！会社の魅力を伝える3つのポイント！

会社の魅力がなければ、人材の採用は難しいのは当然のこと。ましてや、優秀な人材は引く手あまたですから、魅力がないと採用はできない。本章では、会社の魅力をいかに求職者に伝えていくか考えていきたい。

そこで、あなたに協力をお願いしたい。

その協力とは、これからお伝えする会社の魅力を伝えていくワークについてペンを持って、読んでもらいたいのだ。紙に書き出して繰り返し見直しをすることでよいものが出来上がっていくことになる。是非、チャレンジしてもらいたい。

◎優秀な人材はビジョンが明確な会社に集まる

日本で最も大きなヘッドハンティング会社のヘッドハンターがあげた最も多い転職理由は何だと思われますか？

「いまの会社では、自分の○○が描けない」です。

答え

「自分の将来像が描けない」

わたしがお勧めするプロフェッショナル人材は、大企業の55歳以上をターゲットにしている。そして、そういった人材は、定年が近づくにつれて自分の将来について真剣に考えている。

自分自身のビジョン、将来像といまの会社の方向性とがマッチしないのであれば、「もっと、やりたいことを実現できる会社がないか？」と考えるようになっていく。なかには、流れに任せて定年になってから転職先を探す人もいる。しかし、そういう人たちが優秀な人材として中小企業で活躍してくれるかは疑問だ。わたしは、自らの将来ビジョンを明確に持って前向きに考えている人こそ優秀な人材で中小企業でも活躍できる人材だと確信している。

こういった優秀な人材が「この会社で働きたい！」と思うのは、将来ビジョンが明確で自分が役に立つと感じた時だ。

将来ビジョンがない会社には誰も近づいてこない。

◎将来ビジョンを言葉にまとめる

「前章の◎知っておくべきプロフェッショナル人材5つのタイプ」で経営人材、商品開発人材、販路開拓人材、生産性向上人材、事業再生人材5つのタイプを紹介した。会社の経営課題はそれぞれの置かれている状況によっても異なるかと思う。

しかし、大事なのは会社がどのような方向を目指すのかによって、どのような人材が求められるかが変わってくることにある。

特に、親や親族からの事業承継を受ける経営者の場合は、プロフェッショナル人材が右腕として活躍してくれることは間違いない。若手の経営者の方と話しをしていると、

国内での事業が思うように伸びないため、海外に積極的に展開しようと試行錯誤されている。そんな時にプロフェッショナル人材がいれば会社の救世主となる。

ターゲットを絞り込んでいくには、まず将来ビジョンを明確にする必要がある。「将来像」「5年後の会社の姿」を描くことが重要となってくる。このビジョンづくりも定量的なものと定性的なものを掲げるとよい。

では、ここから具体的なワークをしていくことにしたい。

まず、ペンとノートを用意して。
これからの質問に思いついたことをどんどん書き込んでいきましょう。

【ワーク】
5年後の将来ビジョンについて考えてみましょう。
定量的な内容と定性的な内容をまとめて言語化していきます。

① 定量ビジョン（目安：5分）

まずは、定量ビジョンです。売上、利益、一人当たりの経常利益など定量的な内容で目標を設定しましょう。

「規模」「収益性」「生産性」の中で自社がどの内容を重視するのかを考えてみてほしい。既に目標として掲げられているものでもよいし、これから達成したい内容でもよい。5年後に会社がどうなっていたいかを示そう。

「規模」だと売上高が分かりやすい。例えば、売上高○○億円とすると、毎年2桁成長、売上高2倍などの目標から数値を決めましょう。売上高は目標として社内・社外共に分かりやすいが、売上が増えて利益が下がらないように注意しておきましょう。

「収益性」だと営業利益、経常利益、利益率が指標として挙げられる。営業利益は、会社の本業を示す利益なので分かりやすい。資金運用による損益、銀行からの借り入れコストなどの営業外損益を加味した経常利益は会社の実力を示しているので、実力値をあげていくということであれば経常利益がよいでしょう。また、利益率は収益性を分かりやすく表現した指標になるので営業利益率や経常利益率を目標において利益率を高める活動を推進していくこともできる。

「生産性」だと一人当たり売上高、一人当たり経常利益、一人当たり粗利益などがある。例えば、一人当たり売上高○○万円と設定する際には、現状の会社の状態からの目標だけでなく、業界や業種、他社の指標なども参考にするとよい。

「規模」「収益性」「生産性」などの指標は、自社でのストレッチ目標だけでなく帝国データバンク、東京商工リサーチなどの情報提供機関から情報入手して競合他社の動向なども把握しながら数値を立てると目標数値の設定に役立つ。

さあ、定量ビジョンは掲げられたでしょうか？　直感で書くこともできますが、是非いろんな角度から分析して、目標を設定することをお勧めする。

1 定量ビジョン

あなたの会社がどれを一番重視するかを決めてみてください。

「規　模」…売上高

「収益性」…営業利益、経常利益、利益率

「生産性」…一人当たり売上高、一人当たり経常利益、一人当たり粗利益

例えば、売上高○○億円

WRITE YOUR IDEA HERE !

② 定性ビジョン（目安：5分）

次に、定性ビジョンです。定性ビジョンは会社の「5年後の会社の状態」を表現したものになる。具体的な経営数値は記入しませんが「高知県でナンバー1のカツオ加工会社」「○○年にお客様満足度調査100％」「○○年四国地区シェアナンバー1」などできるだけ数値も絡めて表現すると、求職者にも理解してもらいやすくなる。

【ビジョン（事例）】
定量ビジョン：営業利益率 10％
定性ビジョン：四国エリアで業界ナンバー1

これらの定量ビジョン、定性ビジョンを掲げることで求める人材像が見えてくる。現状と5年後に掲げるビジョンとのギャップがこれから解決しなければならない課題であり、それを解決するために中期計画を立てていくことになる。そして、そのギャップを埋めるために社内人材で可能であるかどうかを見極め、社内人材だけではこれからの育成も含めて難しいということであれば、プロフェッショナル人材を採用してこのギャップを埋めていくことになる。

このビジョンづくりによって今後のやるべきことが変わってくる。是非、繰り返し考えながら良いものを仕上げていきましょう。

2 定性ビジョン

5年後の会社の状態を表現したもの

例えば、〇〇地域でシェアナンバー 1、
お客様満足度 100%
WRITE YOUR IDEA HERE !

5年後のビジョン

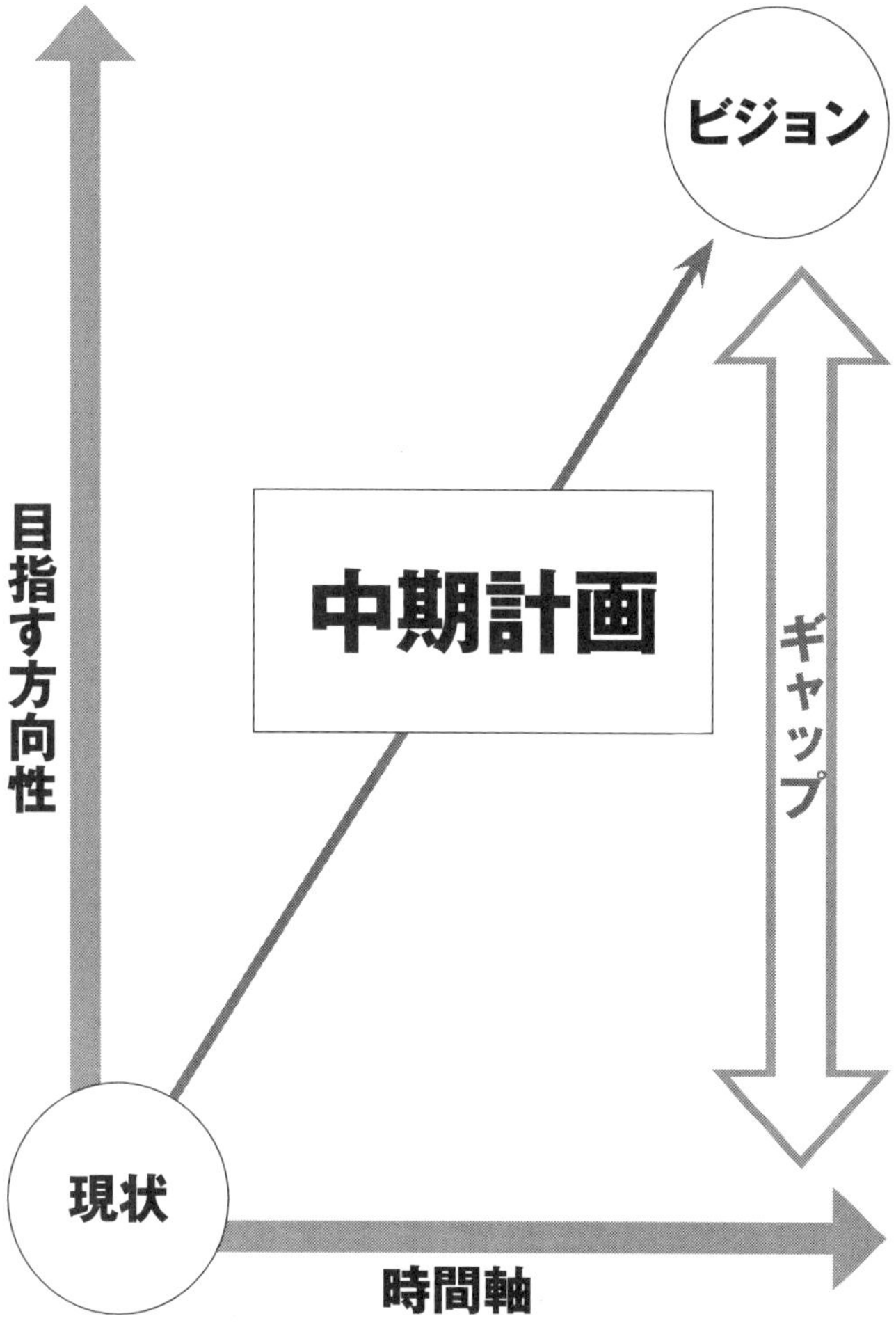

Point!

◇現状と5年後のビジョンとのギャップを埋めるために、社内人材で実現不能であればプロフェッショナル人材を活用しよう。

◎心に響く強いメッセージをつくる

プロフェッショナル人材に会社の魅力をアピールするには「メッセージ」が大切だ。上手く会社の魅力が求職者に伝えられるかどうかで採用活動に大きく影響することになる。

そこで、ここからは会社の魅力を導くワークをしていきたい。

会社の魅力について「事業・仕事・待遇・人」の4つの軸から考えていきましょう。

①事業（会社・ビジョン）（目安：5分）

まず会社の強みやアピールできるポイントについていくつかの切り口で考えていきます。そもそも現在参入している市場、あるいはこれから参入しようとしている市場が成長していなければこれからの事業の伸びは期待できない。マクロで成長しそうなマーケットであるということが大前提。マーケットの成長率や企業の成長率を踏まえて「売上伸び率○○％」「○○兆円の巨大マーケットで業界ナンバー1」など成長市場を軸に整

理してみよう。

また、地方の中小企業にはニッチな分野で非常に高い技術力を持った企業はたくさんある。「○○業界で国内トップクラスの技術力を持つ急成長企業」「オンリーワン技術で○○業界トップシェアを誇るグローバル企業」といった表現を用いてワンセンテンスで伝えることができれば非常に分かりやすい。

この他にもある業界ではだれもが知っている企業といった場合は、「○○業界ではニッチトップ企業」と表現してみても良いかもしれない。最近だと社会的意義がどれだけあるのかも求職者にとって大きな魅力となったりしている。いずれにしろ事業をアピールするための魅力についてゆっくり考えてみましょう。

1 事業（会社・ビジョン）

1. マーケットの成長率、企業の成長率
   ・売り上げ伸び率〇〇〇%、
   〇〇兆円の巨大マーケットで業界ナンバー1

2. 高い技術力
   ・〇〇業界で国内トップクラスの技術力を
   持つ急成長企業
   ・オンリーワン技術で〇〇業界で
   トップシェアを誇るグローバル企業

3. ブランド
   ・〇〇業界ではニッチトップ企業

WRITE YOUR IDEA HERE !

②仕事（職種・業務）

次に、職種や業務内容も踏まえ、仕事の軸から考えてみましょう。まず社会貢献度の高い仕事や世の中にインパクトのある仕事は人気が高い。最先端の○○技術で○○大学との共同開発、業界初、世界初の画期的な○○製品の上市といったように「最先端技術」「共同研究」「共同開発」「業界初」「世界初」などのワードは技術者の求職者には特に刺さりやすいキーワードになる。

実際に取り組まれている当事者である会社では、「うちの技術なんてどこにでもある」「他社も同じことをやっている」「成功するか分からないからまだ早い」など結果が全て出ているもので表現したいという気持ちもわかる。しかし、ここでは将来の夢を熱く語るくらいがちょうどよい。

「現在進行形の取組であるが成功すればこんな世界が待っている」というようにいま見えているものだけでなくこれからの未来についても表現していくと求職者にグッとくる。

また、新規事業の取組はどの会社も日々悩みながら取り組んでいる。そんな中で

「ＢｔｏＢの領域の新規事業」「○○兆円規模の○○業界を本気で変えていく壮大なチャレンジ」といったように、ターゲットとしている市場や業界も明確にしてより求職者のイメージが高まるようにしていきましょう。

そして、戦略立案の仕事は中小企業では需要も高く、またプロフェッショナル人材も比較的豊富で実績をあげられているケースが多い。これら以外にも、「海外進出」「海外勤務を積極的に行っていく」方針であるといったことや入社後の裁量権が大きく自らの判断で仕事ができる環境などもアピールできるポイントになる。

5年後の目指す姿を実現するためにどんなギャップを解決する必要があるか、またそれを解決するためにはどのような仕事が必要になるかといった点を踏まえながら是非整理を進めていってほしい。

2 仕事（職種・業務）

1. 社会貢献度の高い仕事、世の中にインパクト
   - 最先端の○○技術で○○大学との共同開発
   - 業界初、世界初の画期的な○○製品の上市

2. 新規事業
   - BtoB の領域の新規事業
   - ○○兆円規模の○○業界を本気で変えていく壮大なチャレンジ

3. 戦略立案
   - ○○を広める事業戦略の立案

WRITE YOUR IDEA HERE !

③ 待遇（給与・休日・制度）（目安：5分）

プロフェッショナル人材の採用で待遇面は求職者との交渉の中で入社するかしないかの大きな意思決定要素となる。給与や福利厚生などをどのように交渉するかの具体例は第8章に譲るが、待遇の内容によっては、新しい取組に積極的であるということを印象付けることが可能だ。この点についてもワークを進めていきましょう。

ワークライフバランスは、日本社会で働く人にとっていま注目されている取組内容になる。人手不足が深刻化している中小企業でもＩＴ導入や人材の多能工化など様々な取組を積極的に行っている企業はたくさんでてきている。他社の事例も研究しながら考えていきましょう。

また、育児休業は女性だけでなく男性も積極的にとることを推進している会社であれば中小企業の中でも目立つ存在になる。わたしの会社も男性育児休業の取得率は60％を超えており、1ヶ月程度の育児休暇をとって家族のサポートをしているイクメンもいる。こういった内容は、求職者に好意的な印象を与えることになる。

そして、プロフェッショナル人材にとって一番関心が高い内容は定年になる。わたしが推奨している55歳以上のプロフェッショナルの人材は、60歳で定年したいと考えている人はゼロだ。最低でも65歳、できれば70歳まで働き続けたいと考えられている。できるだけ長く働ける制度であれば大きなアピールとなることは間違いない。

3 待遇（給与・休日・制度）

1. ワークライフバランス
   ・残業少、高待遇
2. 女性が働きやすい環境
   ・育児、介護短縮勤務制度
3. 定年
・65歳以降も働ける

WRITE YOUR IDEA HERE !

④人（社長・社員）（目安：5分）

最後に、人の軸について考えていきましょう。経営者に魅力があるかはやはり重要になる。社長と社員の距離が近いといったことや専門性、組織を引っ張るリーダーシップ、ビジョンを明確に伝える発信力などがあげられる。

また、社員の平均年齢が若く、エネルギーのある人が多い会社や自分と似たキャリアの人が社内にいるなども求職者が意思決定する上での重要な参考情報となる。経営者や社員の魅力については、あなたがイメージされている内容だけでなく取引先など社外の人からよく言われることなども含め書き出していきましょう。

これまでのワークで会社の魅力について、「事業」「仕事」「待遇」「人」の4つの軸で整理してもらった。まずは、頭にぱっと浮かんだことでよいのでとにかくノートに書き込んでみましょう。書き込んだ後は、再度それを振り返り、口に出していってみてしっくりくるものができるまで何度も書き込んでいきましょう。

また、これらのワークは、経営者、採用責任者などひとりで行うことからスタートして、その後経営者を中心としたプロフェッショナル人材の採用チームを作り、付箋紙に書き出しながら言葉作りされることをお勧めする。

4 人（社長・社員）

1. 経営者に魅力
 ・〇〇出身の経営者で社長と社員の距離が近い

2. 平均年齢
 ・平均年齢〇〇

3. 若手役員や抜擢
 ・若手幹部人材が会社を牽引

WRITE YOUR IDEA HERE !

Point!

◇・プロフェッショナル人材に会社の魅力をアピールするには「メッセージ」が大切。

◇・「事業」「仕事」「待遇」「人」の４つの軸で整理して、魅力をアピールしよう。

第5章

伝わるキャッチコピー
自社のブランドが

会社の魅力が少しずつ整理できてきたでしょうか?ここからは、ブランディングについての話をしていくことにする。

ブランディングは、一言で言うなら会社のファンづくりだ。マクドナルド、スターバックス、メルセデスベンツ、GUCCIなど言葉を聞くだけでその会社のイメージ、会社のロゴ、商品が目に浮かぶ。ブランドにはこういった強い力がある。

そして、はじめて会社を知った人でも一瞬にしてイメージできるようにするのが、キャッチコピーだ。中小企業の場合、会社をイメージするキャッチコピーがない企業もたくさんあるかと思う。しかし、ここまで読んでくれたあなたには是非成功してもらいたい。これを機に求職者に響くキャッチコピーを考えていきましょう。

◎採用活動は〇〇〇〇〇〇〇活動

〇〇〇〇〇〇〇に当てはまる言葉は何だと思われますか?

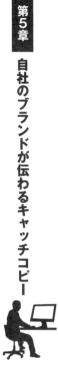

答えは、「マーケティング活動」です。

えっ!? 採用とマーケティング？ っと思われた方もいるかもしれない。

実は、採用活動はマーケティング活動と同じであるという認識をしておく必要がある。いわゆる採用マーケティングだ。この採用マーケティングでは、これまでワークで書き出してきた5年後のあるべき姿から企業が求める人材を把握し、その人材が適材適所で働く環境を作りながらその魅力を伝え、ターゲットに入社を促す活動をしていくことになる。

つまり、求職者を顧客と捉えて商品を購入してもらう（＝入社してもらう）ような活動をしていくことになる。そのためには、求職者に会社の魅力を知ってもらうことは当然として、求職者に刺さるキャッチコピー作りも大切になる。

もう一度、紙とペンを用意してこれからのワークにチャレンジしてみよう。

◎ペルソナを考える

あなたは「ペルソナ」という言葉を聞かれたことはあるだろうか？

ペルソナは、サービス・商品の典型的なユーザー像を表す言葉で、マーケティングでよく使われる言葉をいう。言い換えると、「具体的な求職者の人物像」だ。ペルソナを明確にすることによって、求人すべきスカウトの対象者を絞れる、求職者に訴求しやすくなるといったメリットがある。求職者のバックグランド、生活スタイルなどイメージできれば、求職者の悩みや不安なども想像しやすくなり、アピールの方法が具体的にできるようになっていく。

さあ、それではここからは次のワークを進めていこう。

ペンを用意して、リラックスして。

【ワーク】

ペルソナについて考えてみましょう。（目安：5分）

５年後のビジョンを達成するために、どういう人物であればそれを具現化できるかをイメージしていきましょう。はじめは、様々な制約条件があるかと思うがそれを取り除いて考えましょう。以下、深掘りの質問を記載していますので参考にしてみてください。

＜年齢＞
ターゲットは何歳くらいがよいですか？
30代～40代の実務を推進していく人材？
あるいは50代以上のマネジメント力がある人材？

＜性別＞
男性・女性のこだわりはありますか？

＜居住地＞
居住地は、地方あるいは都心部ですか？
関東、関西など具体的なイメージはありますか？

＜職業＞
同業種でしょうか？
類似の専門性やマネジメント力を重視されますか？
異業種でもスキルがあれば大丈夫ですか？

〈役職〉
部長級・役員級の経験者にしますか？
〈年収〉
年収はどれくらいの人を想定されていますか？
〈趣味〉
どのような趣味を持った人でしょうか？
体育会系、インドア系？
〈価値観〉
仕事やプライベートで重視する価値観はどういったものがあるでしょうか？
〈家族〉
両親、子供などの家族構成は？
また、ターゲットとする年齢の場合、どのような家族構成になっていそうですか？
〈休日の過ごし方・ライフスタイル〉
地方に移住してもプライベートやライフスタイルに問題ないか？

いかがだったでしょうか？

ペルソナは見えてきましたか？

ここでわたしがお勧めするプロフェッショナル人材の採用に関するペルソナをご紹介します。

ずばり、これです！

大企業の部長職級 55歳以上の役職定年者で海外駐在経験あり

これは、わたしが試行錯誤して見つけた成功確率が高い人物像だと考えている！

大企業の部長職級であれば経験豊富で人物的にも良い人材が多いのが特徴になる。そして、大企業の場合55歳以上になると役職定年でラインから外れたり、60歳定年で給与の大幅ダウンを余儀なくされるケースが多い。また、海外駐在経験をしていると仕事の守備範囲もかなり広くなるため、日本での仕事の2倍くらい働く必要がある。自分で現場にもどんどん入って改善しなければなかなか良くならないので、現場に入り込む人が多い。こういった点を考えていくと、中小企業の現場にも入っていく馬力のある人が多く、マッチング度が高いと言える。

要するに、現場に指示を出すだけの人間でない可能性が高いということだ。過去の経験からもこの海外駐在経験があるかどうかが中小企業で活躍できるかに大いに影響があるとわたしは考えている。

ペルソナを、是非書き出して検討してみてほしい。

1 ペルソナ

ペルソナはマーケティングではよく使われる
言葉です。

具体的な求職者の人物像は？

年齢、性別、居住地、職業、役職、年収、趣味、
価値観、家族構成、休日の過ごし方、
ライフスタイル、高知とのかかわりなど

WRITE YOUR IDEA HERE !

◎キャッチコピーを作ろう！（目安：５分）

それでは、いよいよキャッチコピーを作っていきましょう。前項のワークでペルソナが出来上がってきたと思います。そして、前章では会社の魅力を整理しましたよね。もう一度、振り返ってみてください。切り口としては、４軸ありました。①事業（会社・ビジョン）②仕事（職種・業務）③待遇（給与・休日・制度）④人（社長・社員）

例えば、最先端技術を売りにしているのであれば、「高知からオンリーワン技術で世界に挑む！」も良いかもしれない。なかなかしっくりするものがすぐにできないことが多い。わたしもこういったワークを半年以上かけて何度も言語化して少しずつ変化させてきた。是非、ノートに繰り返しアイデアを書き込んで会社の魅力がアピールできるキャッチコピーを完成させせよう。

2 キャッチコピー

ペルソナ、仕事内容、商品、サービスなどの内容を組み合わせて考えてみて下さい。

例えば、最先端技術を売りにしているのであれば

＝＝＝＝＝＝＝＝＝＝＝＝＝＝＝＝＝＝＝＝＝＝＝＝

高知からオンリーワン技術で世界に挑む！！

＝＝＝＝＝＝＝＝＝＝＝＝＝＝＝＝＝＝＝＝＝＝＝＝

・・・なんかも良いかもしれません。

WRITE YOUR IDEA HERE !

第6章

ダイレクト・リクルーティングで「攻めの採用」を実現する！

「う〜ん。会社の魅力を考えたり、キャッチコピーを考えるのは大事なのは分かったんだけど…。具体的に、プロフェッショナル人材を採用するにはどうすればいいのか分からないんだよね」

あなたの、はやる気持ちは分かる。

そうです。いままでと同じように人材会社にお願いするだけでは採用できません。

あなたは、ダイレクト・リクルーティングという言葉を聞いたことはあるだろうか？

この「ダイレクト・リクルーティング」が採用活動をする上でのポイントとなる。

あなたの会社では、人材紹介会社に「いい人を紹介してください」というようなお願いをしてませんか？

「急ぎでお願いします！」「緊急事態なので助けて〜！」

何を隠そうわたしもそんな風に人材紹介会社にお願いしていたこともある。

でも、これって明らかに「待ちの姿勢」ですよね。

もっと積極的に「攻めの採用」をしたい経営者は多いと思う。

なので、ここからは「攻めの採用」ができるダイレクト・リクルーティングについて紹介していきたい。

◎待ちの姿勢では採用できない

人材紹介会社のサービスといえば、紹介会社があなたの会社と求職者を引き合わせるいわばお見合いのようなもの。

どんな人物を選ぶかは、紹介会社に委ねられてしまう。もちろん、会社からは求める人物像やどのような人がマッチングするかを紹介会社の担当者に情報提供をするが、担当者の裁量にかかっていることは否めない。

あなた「●●部門の責任者を採用したいんだけど誰かいい人紹介してもらえる？」
人材紹介会社「分かりました。当たってみるので求人票書いてもらえますか？」

あなた「はい、求人票を書いてみました。これになります。」
人材紹介会社「ありがとうございます。登録者の情報を見て後日連絡しますね・・・」

数日後・・・

「どうもすぐにマッチングしそうな人がいないようです。少し時間がかかると思いますが、探してみます・・・」

こんなやり取りをした経験はありませんか?

要するに、「待ち」の姿勢になるです。
これは採用する側にとって辛い。

これだけではない。仮に地方の中小企業が、都心部の大手紹介会社を活用したとしても、地元とのコネクションがないため紹介会社からのマッチングは極めて難しい状況だ。

わたしも大企業から地方の中小企業に転職した一人だが、都心部にある大手紹介会社は地方の企業を紹介できなかった。

当時は、海外赴任していたためメールや電話で大手紹介会社10社程度に手あたり次第連絡したが、どの会社も「紹介できない」という回答だった。

結局、高知県にある地元の人材紹介会社を探し当てて、登録してたまたまマッチングした。

ただ、地元に根付いた紹介会社があったとしても、地元の中小企業が、「いい人材を紹介してください」とお願いしているケースは多く、地元内の企業で激しい人材獲得競争が繰り広げられているのが現実だ。

こういう状況では、人材紹介会社にお願いしてあとは祈るだけという展開になりかねない。「神のみぞ知る採用活動」これでは悲しすぎる。

欲しい人材が、必要なタイミングで採用できる確率は極めて低い状況にあることを理解しておく必要がある。

Point!

◇人材紹介会社を通じての採用活動は「待ちの姿勢」になる。

◇「待ちの姿勢」では、本当に欲しいプロフェッショナル人材を採用できる確率は極めて低い。

◎ダイレクト・リクルーティングは攻めの採用手法

こういった「待ちの姿勢」を打開するために、どうすればよいか?

その答えは、「ダイレクト・リクルーティング」となる。

ダイレクト・リクルーティングは、求職者に直接アプローチする採用活動になる。

したがって、あなたの会社と求職者の間には採用を代理してくれる人はいない。

つまり、紹介会社に頼らず、『自力』で求職者とのマッチングができる手法だ!

ダイレクト・リクルーティングの仕組みは、会社と求職者をつなぐＷｅｂ上のプラットフォームを通じて、会社が求職者の情報を入手して、マッチングしそうな人材にスカウトメールを送付する。

スカウトメールには、経営者の思いやどういった人材を求めているか会社の概要などが細かく記載されている。いわば、求職者へのラブレターだ。

求職者は、それを見て興味があれば返信することでコミュニケーションがスタートする。採用側の会社は、マッチングしそうな人材がいればどんどんスカウトメールを送ることができるのがよい。

スカウトメールを送った後、求職者からの返信があれば、Ｗｅｂ面談の設定を行い、会社の紹介や求職者の経歴を聞きながらマッチングしそうかを探っていくことになる（詳しくは第7章参照）。

ダイレクト・リクルーティングの会社はいくつかあるが、わたしがお勧めするのは、『株式会社ビズリーチ』だ。求職者の登録会員数１５０万人、累計利用企業数1万社と圧倒的な人材データベースとマッチングの実績が魅力だ。

ダイレクト・リクルーティングの採用に是非挑戦してもらいたい。

Point!

◇ダイレクト・リクルーティングは求職者に直接アプローチでき、紹介会社に頼らず『自力』で求職者とマッチングできる仕組み。

◎ダイレクト・リクルーティングの3つのメリット

ここまでみてきたダイレクト・リクルーティングには、**「攻めの採用活動ができる」「人材データベースを直接検索できる」「優秀な人材に出会える」**といった3つのメリットがある。ここからはその内容を見ていくことにする。

① 攻めの採用活動ができる

従来の採用活動は、人材会社の担当者に求人情報を説明してあとは担当者にお任せするスタイルであった。担当者が求職者と直接会って情報収集する中で、担当者の視点で求職者の人物像が作り上げられていくことになる。あくまでも担当者目線だ。そして、求人情報と人材データを見てマッチングしそうな人物を企業に提案する流れとなる。担当者は、積極的に採用してもらっている企業や日頃懇意にしている企業にはいい人材を紹介する傾向にあることは否めない。

しかし、ダイレクト・リクルーティングでは、採用企業側の判断でどんどん求職者へアプローチできる。つまり、「待ちの姿勢」ではなく「攻めの姿勢」で採用活動ができるのが大きなメリットだ。

② 人材データベースを直接検索できる

人材紹介会社が抱えている人材データを企業側が直接検索することができない。登録されている人材がどのような業界の人でどのような職種、経歴が多いなど母集団の状況について概要は紹介されるものの、具体的な個人の職務経歴までは開示されない。人材紹介会社の担当者がフィルタリングして、マッチングしそうな人材を提案することになる。

これに対して、このダイレクト・リクルーティングの仕組みでは、人材を募集している企業から人材データベースを直接検索して職務経歴書をチェックすることができる。わたしが愛用している『株式会社ビズリーチ』の情報検索システムは、非常に使いやすく、企業名、業界、職種など検索項目が豊富でマッチングしそうな人材の検索が容易だ。ダイレクト・リクルーティングのプラットフォームを提供する会社は、最近増えてきているので是非ネットで検索して自分に合ったダイレクト・リクルーティングの会社を見つけてほしい。

③優秀な人材に出会える

わたしが高知に転職した当初は、優秀な人材を確保するための手法として地元の人材紹介会社を積極的に活用した。人材の県外流出が多い高知では、大学や就職で県外に引越し、親の介護や子育て環境を考え、Uターンする人材が高知に圧倒的に多い。つまり、人材データベースもそういった人が多い傾向にあり、実際にホットに活動している人数は数百人いればいいほうだ。

わたしは、高知県外の地方に呼ばれてプロ人材の採用に関する講演をすることもあるが、各県のデータを見ると人材流出の傾向は人数の大小はあっても、10代後半から20代前半の県内流入が流出を上回る傾向にある。要するに、高卒で都心部に就職したり、大学で都心部に引っ越す傾向が多いのだ。

そして、そのまま都心部で生活し、早ければ30代前後、遅ければ60代前後に地元に戻りたいと思う人が出てくる。

こういったことが背景にあり、どうしても母集団が小さいため、優秀な人材にヒットする確率は低くなってしまうのだ。

これに比べて『株式会社ビズリーチ』のダイレクト・リクルーティングでは、求職者の登録会員数150万人と豊富な人材データベースがあり、優秀な人材に出会えるチャンスが圧倒的に高くなる。

人材紹介会社

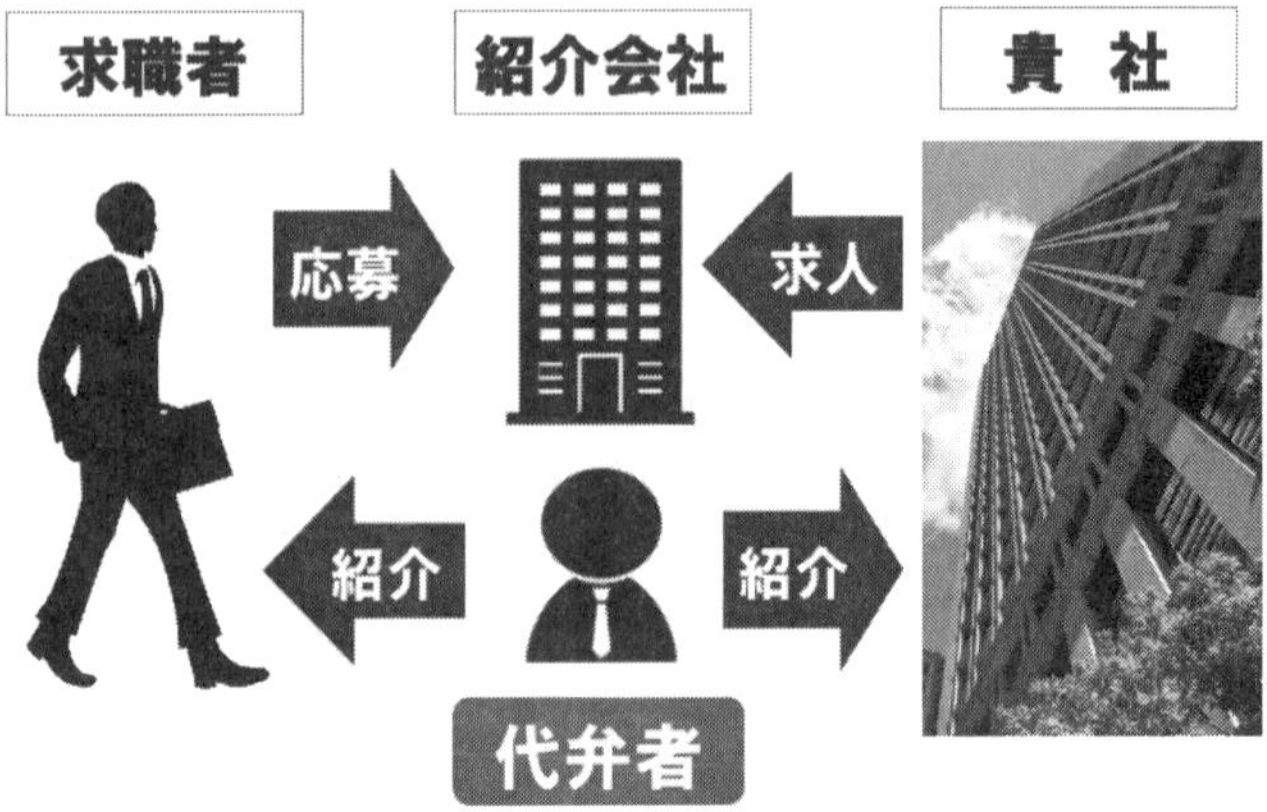

ダイレクト・リクルーティング

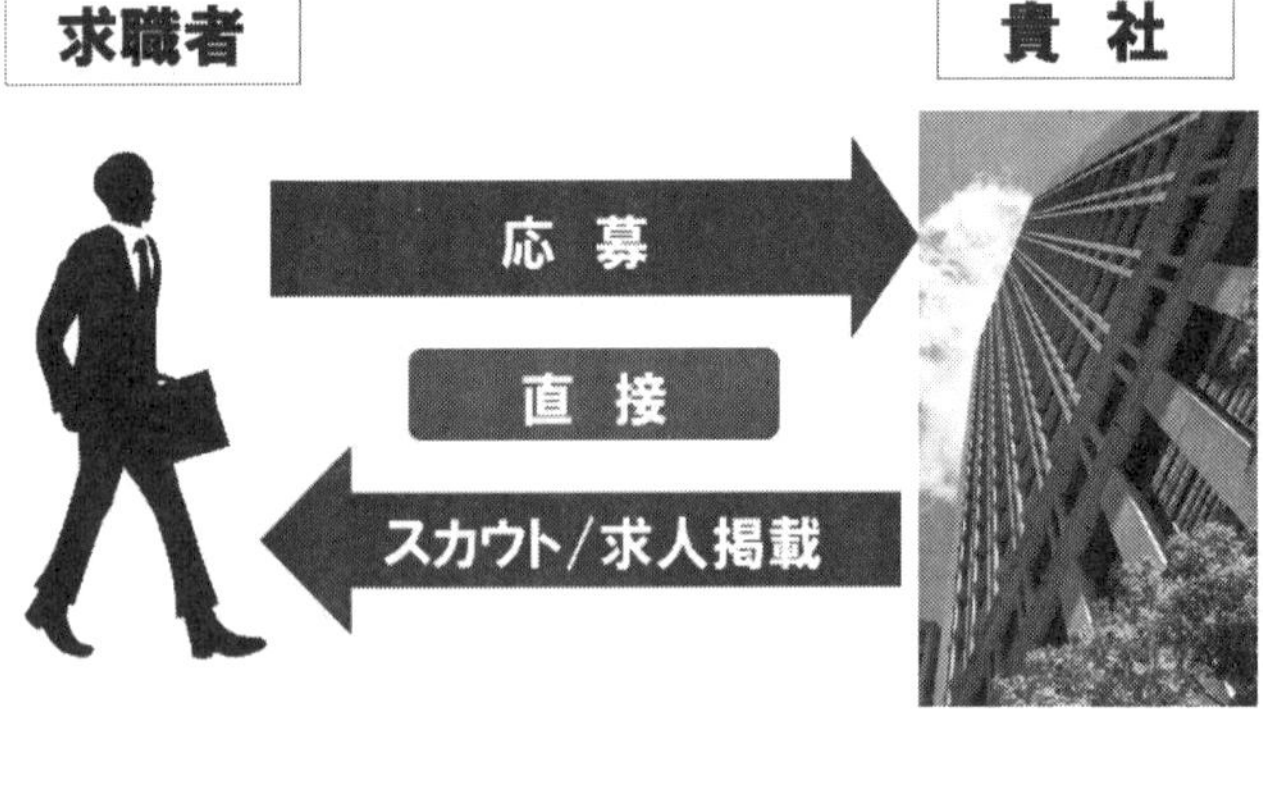

Point!

◇ダイレクト・リクルーティングで「待ちの姿勢」から「攻めの姿勢」の採用活動ができる。

◇ダイレクト・リクルーティングには、人材データベースを直接検索できる機能がある。

◇株式会社ビズリーチに登録されている求職者数は150万人と豊富な人材データベースがあり、優秀な人材に出会えるチャンスが高い。

第7章 Web面談からはじめよう!

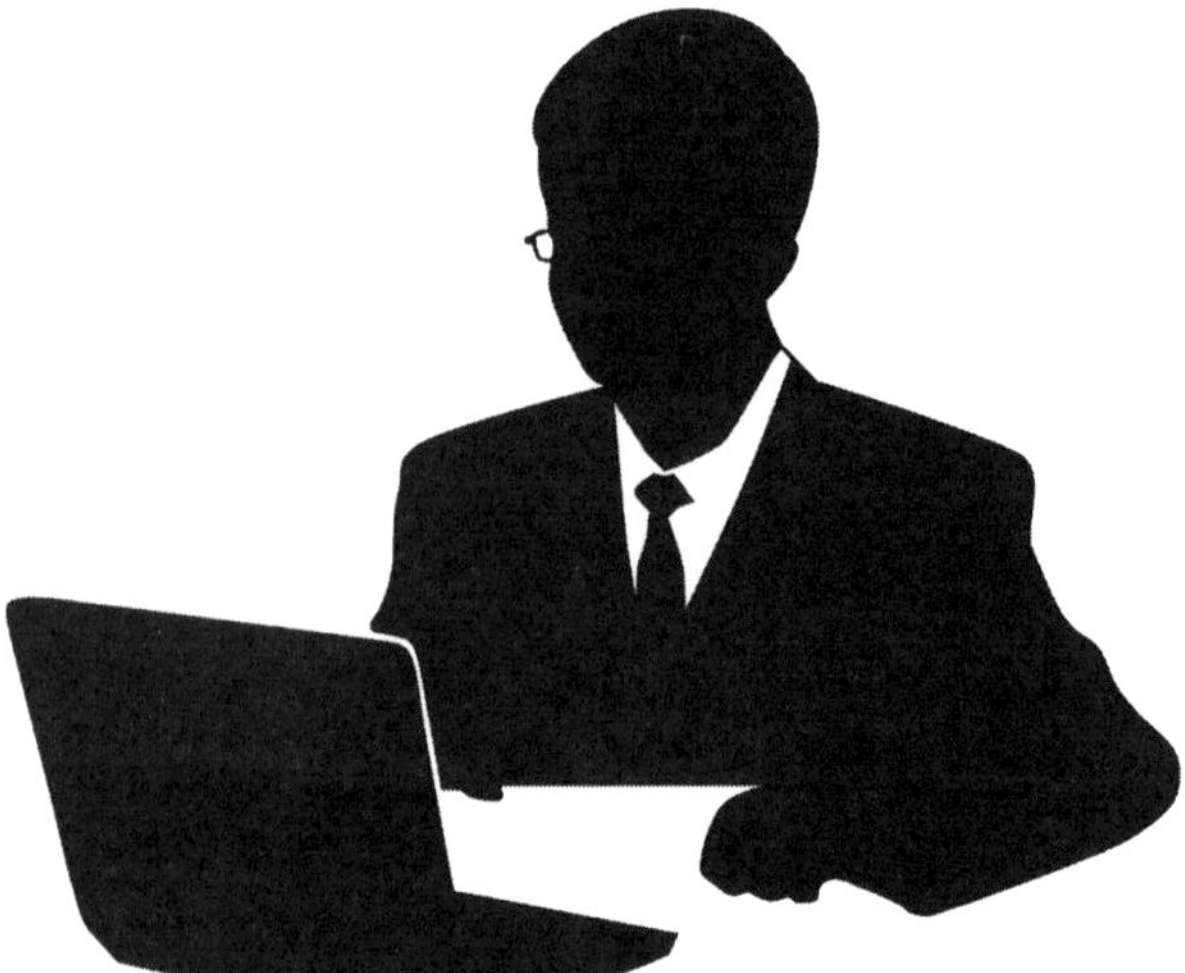

さあ、これまで読まれてきていかがだったでしょうか？攻めの採用ができる仕組みがあることで正直びっくりされた人もいるかもしれない。

そして、ここからは次のステップとしてWebを使った採用について解説していきたい。

ところで、あなたはWebを使った面接や面談を行ったことはあるだろうか？

Webを使えば地方にいても都心部の求職者と手軽にコンタクトできることができる。

それでは、さっそく事例といっしょにみていくことにしよう。

◎「面接」と「面談」の違い

あなたは、「面接」と「面談」を意識して採用活動をされているだろうか？

えっ、「面接」と「面談」は違うの？・・・と思われた方もいるかもしれない。

実は、プロフェッショナル人材を採用するには、この使い分けが極めて重要になる！！

「面接」＝お互いが相手を見極める場になる。

職歴を聞いたり、志望動機を聞いたりしますよね。これが、よくある「面接」だ。

ダイレクト・リクルーティングで求職者にスカウトメールを送って、興味を持ってもらえれば「エントリーしたい」「会社紹介をしてほしい」などメールで問い合わせがくる。でも、そこで慌ててはダメ。

普通だと、「是非一度会社に訪問していただけますか?」…と言って来社をお願いしたりしますよね。そして、興味を持たれた場合、「何度も来てもらうのも悪いので面接までやってしまいましょうか?」…こんな風に進めてはダメなんです！

いきなり、会社訪問して、即面接ではハードルが高すぎる。
この段階では、求職者にとっての情報量は圧倒的に不足している。

連絡を取り始めた初期の段階では、求職者と会社の間にはまだまだ見えない高い壁が高くそびえている。

会社に興味があるけどまだよく分からない・・。志望動機もまだない・・。こういった、求職者がほとんどになる。

要するに、初期の段階ではお互いの信頼関係が築けていないんです。

求職者の不信感を払拭して少しずつ信頼関係を構築していくことが大事になる。

そこで、これを面談でしてしまうんです！

「面談」＝求職者の志望動機を高める場になる。

このステップを入れることで採用活動の成功率がワンランク上にグッと高まることになる。採用したい人材を「次の選考」につなげる場と考えると分かりやすい。

そして、わたしのオススメな面談方法は、「Web面談」だ！

もう、これしかない。

Ｗｅｂ会議システムを使えば、会社の魅力を伝える資料を使いながらいつでも、どこでも説明することができる。距離の制約、時間の制約なども解消できるので、地方企業も県外求職者と面談が容易にでき、チャンスが広がる。

会社でも、自宅でも、カフェでもＷｅｂ面談ができるので本当に便利だ。

わたしは、海外で働く現役の駐在員にもこのＷｅｂ面談でアプローチして日本帰国の際に接触して、面接をしたりしている。

わたしのオススメのＷｅｂシステムは、Ｚｏｏｍだ。「参加が簡単」「通信が安定している」ことでいま人気急増のツールになる。事前準備が必要なのは、主催者の会社側だけ。参加者にＵＲＬを事前に送付しておくと、会議時間になればワンクリックでミーティングに入り、会話をスタートできる。画面共有の機能も付いているので会社説明資料や動画を用いて説明も可能なので便利だ。何より、１対１の面談であれば無料でできるのでコストパフォーマンスが良い。

これに対して、スカイプも無料で使いやすいツールだが、事前に双方のアカウント登録が必要になる。初対面の相手の場合、アカウント登録依頼や承認などが必要になるので手間がかかる。これらを考えると、Ｚｏｏｍが最強ツールだ。

ただ、Ｗｅｂ面談をしていても、Ｚｏｏｍを日常的に使っている方がまだまだ少ない。相手が使いたいツールがある場合（スカイプ、ｉ-ＰｈｏｎｅのＦａｃｅｔｉｍｅ、ＦａｃｅｂｏｏｋのＭｅｓｓｅｎｎｇｅｒ、ＣｉｓｃｏのＷｅｂＥｘなど）、それに対応するケースもある。あくまでも相手に合わせて対応することが必要だ。

【Ｚｏｏｍ利用の3ステップ】
ＳＴＥＰ1 主催側で事前に会議室のＵＲＬを取得する
ＳＴＥＰ2 ＵＲＬを参加者に伝える
ＳＴＥＰ3 参加者は、ＵＲＬにクリックするだけでアクセスできる

面談と面接の違い

	面談	面接
目的	志望動機を高める場	見極める場
接触のハードル	低い	高い
応募意思	問わない	あり
母集団	増える	減る

Point!

◇情報量が不足している中で、応募者がいきなり会社訪問、即面接はハードルが高すぎる。

◇面接はお互いが相手を見極める場。面談では求職者の志望動機を高める場であることを理解しよう。

◇Web面談が効率的。ZoomなどのWeb会議システムを活用しよう。

◎面談で抑える5つのポイント

面談と言ってもただ会社の紹介や相手の状況などを話せばいいというものではない。面談には必ず抑えておくべきポイントがある。ここからは、面談で抑えるべき5つのポイントを解説する。

1 応募意思を求めない

応募者は、まだ会社のことをよく理解していないケースがほとんどだ。応募者もいくつかの会社と接触して自分の条件にあった会社を選ぼうとする。なので、いきなり面接のように相手にたくさんの質問を投げかけるのはNGだ。あくまでもお互いを知ることを意識することが必要になる。そもそも志望意思もまだ固まっていない中で、「志望動機」を聞いても答えられない。会社の魅力をアピールしていきながら、応募者に志望の意思を面談で作っていくと考えておく方がよい。

2 経営層が面談する

プロフェッショナル人材は、経営者の右腕となる優秀な人材になる。通常の中途採用をするように人事担当者が会社の特徴や魅力を説明しても強く印象付けることは難しい。特に、中小企業では会社の魅力を一番伝えられるのは経営者だ。事業の方向性・ビジョンをどう考えているか、それを実現するために現状 何が課題で、その課題を解決するためにどういったポジションの人材を募集しているとクリアーに説明できないと、面談の段階で次のステージに進んでもらえないと考えた方がよい。

地方の中小企業では、経営について語れる人材も少ない、経営者または役員クラスの人材がファーストコンタクトに参加すべきだ。

「そうはいっても、マッチングするか分からないから最初は人事で見極めてほしい」と思われる経営者もいるかと思う。

しかし、このちょっとした対応が他社との差別化となり次のステップに進んでもらえる確率を高くしていくのだ。

3 会社のファンにする

採用の可能性がある人材の場合は、次のステップに進んでもらえるよう積極的に会社の情報を開示して会社のビジョンや将来性、求めるポジションを伝えていくことが大事だ。

「商品力があるならどんなユニークな商品なのか？」
「技術力があるならどんな最先端の技術なのか？」
「サービス力があるならどんなおもてなしのサービスなのか？」

要は、求職者に「へえ〜そうねんですね。」「オモシロいですね。」「すごいですね。」と思ってもらうためにアピールするのだ。

会社の魅力が伝われば、ファンになってもらえる。

また、面談していく中でマッチングしそうにない場合でも候補者の勤務先とビジネスにつながる可能性もあるので、いい印象を持ってもらうようにするために最後まで丁寧な対応が必要だ。

このご縁を大切にして、精一杯会社の魅力を伝えよう！

4 転職活動状況を聞く

面談で忘れがちなのが転職活動の進捗だ。

話が盛り上がってくるとついつい忘れてしまう。

面談が終わるまでに、

「他社の選考状況はいかがですか？」

「転職希望時期はいつ頃ですか？」

「すぐに退職できますか？」

「転職する際に大事にしていることは何ですか？」

「転職によっていま悩まれていることは解決できますか？」など転職の進捗状況を把握しておくことが必要だ。

面談でのチェック内容の詳細は、後述するが、この確認作業をしっかりしておくことで最後のクロージングをする戦略に役立つ。

5 必ず意思確認する

話が盛り上がったとしても次につながらなければただの雑談に終わる。

面談で会社の魅力を伝え、候補者の経歴などを踏まえお互いがマッチングしそうか確認がいる。

「本日、会社の概要やビジョンなどを説明させていただきました。●●さんのご経歴からマッチングしそうに思いますがいかがですか？」…といった風に確認しましょう。

この際に、企業側が是非次のステップに進んでほしいということであれば、

「●●さんのご経歴からマッチングしそうです。一度、会社にお越しいただき工場見学やもう少し条件などお話しませんか？」…と会社訪問に誘導していきましょう。

もう少し、面談の結果を踏まえ検討したいのであれば、

「社内でポジションにマッチングするか検討の上、別途連絡します」…と伝えればよいでしょう。

一方で、企業側から明らかにマッチングしない、あるいは候補者からマッチングしそうにないということであれば、

「募集しているポジションと●●さんのご経歴とは残念ながらマッチングしそうになさそうです。」…この時点でクリアーにして面談を終了にしましょう。

もちろん、求職者側も説明を聞いてマッチングしないからお断りされるケースも当然

あります。

いずれにしても、今後の方向性をハッキリ伝えておくと次のステップにも進みやすいですし、仮にマッチングしなかったとしても早めに双方で理解しておくと時間の節約にもなる。

あくまでも、採用活動は、企業側の条件と候補者の希望が合うかどうかになるので、条件が合わなかったとしても「今回は、ご縁がなかった」と切り替えて、次の候補者と面談をしていきましょう。

面談で押さえる5つのポイント

1 面接をしない

2 一番優秀な人材が面談

3 会社のファンにする

4 転職状況を把握する

5 必ず次につなげる

Point!

◇面談で抑える5つのポイントを理解して、次のステップに進もう。

◇マッチングしない場合は、早めにお断りして時間の節約を心がけよう。

◇「今回はご縁がなかった」と切り替えて、次の行動をすることが大事。

◎Ｗｅｂ面談のテクニック

Ｗｅｂ面談についての理解も少し深まったところで、ここからは、わたしが実践しているＷｅｂ面談の流れについて、６つのステップで解説していくことにする。

その前に、Ｗｅｂ面談で少し気を付けておいた方がよいことがあるので紹介しておく。

それは、できるだけ「相手の顔が見えるように設定する」だ。

そんなの当り前、と思うかもしれない。

55歳以上の候補者にはＷｅｂ会議などのシステムになれていない人もいて、「まずは電話で面談したい」「Ｗｅｂでつないで音声だけ」…っといった候補者も相当数いる。

そういう人にもできるだけ簡単につなげる「Ｚｏｏｍ（詳細は、前述参照）」はＵＲＬをクリックするだけなのでお勧めだ。「ビデオ通話」機能を使って相手の顔が見えるようにしたい。

実際に会うとＷｅｂ面談の感じと雰囲気の違いを感じるが、相手の顔がお互いに見えれば電話よりもグッと距離が近づき、相手の印象をもつことができる。

それでは、6つのステップを紹介することにする。

1 アイスブレーク（雰囲気づくり）

ざっくばらんに話せる雰囲気づくりは大切だ。まずは、お互いの共通項を探すのがオススメ。出身地、都心部での生活してた経験があればその内容、趣味、海外経験、仕事など2つ、3つくらい共通点を見つけ出して会話をスタートさせよう。

経営者の場合は、地方から都心部への移住や海外に出張する機会も多いでしょうから何らかの共通点はあるかと思う。事前に入手している履歴書や職務経歴書を確認して、しっかり準備しよう。また、地方の中小企業が都心部の候補者と面談をする場合、地元の名産や良い所をアピールしてもよい。

わたしが住んでいる高知県の場合、カツオのタタキがすごくおいしいので、わら焼き体験をインターンシップの学生と行く話や水質日本一の仁淀川が近くにありキャンプが楽しめたり、亀泉という地酒がおいしいとか、海が近いので釣りが楽しめるとか、高知の魅力を伝える話もする。

実際に入社された方には、新鮮な魚、大自然での釣りやツーリングなどに魅了されて移住を決めた方もたくさんいる。

2 自己紹介

アイスブレークで緊張を取り除いたところで次は自己紹介。

面接では、所属部署、役職、名前など簡単に説明する場合が多いが、面談の場合は自己紹介をしっかりやる。

わたしは、大手電機メーカーでの海外勤務から、弊社に転職した。出身は、京都でＩターンと呼ばれる県外からの移住になる。なぜ、高知に移住したのか、弊社を選んだ理由などを詳しく話すようにしている。関東圏や関西圏に住まれている人をスカウトして地方に移住してもらうので、自分の体験談も伝えると候補者にとっては生の声として参考になる。

地元から一度県外に出て戻ってきたＵターンの社員や地元にＩターンで活躍している人の話を聞いて常日頃から情報収集してネタとして持っておくとよい。

ここでわたしの自己紹介をしたいと思う。

名前は、馬に医者の医の旧字体を書いて、馬醫（ばい）と読む。先祖は石川県で馬の医者をしていたそうです。珍しい名前なので自己紹介はしやすい。ちなみに、四国には馬醫という姓はわたしの1軒のみ。京都出身でご縁があって妻の実家である高知に移住してきた。一般的には、「嫁ターン」高知では、「はちきん磁石」と言うそうだ。

（「はちきん磁石」とは、高知の女性の魅力に引き寄せられ、移住を決めた男性が多いことから、その現象を面白おかしく表した言葉）


前職ではグループ会社の経理や、海外での新工場の立ち上げとその管理部門の取締役など幅広い業務を経験した。台湾・マレーシアの6年間の海外勤務を終え次のステップを考えていた時に、たまたま妻が里帰り出産で高知に戻り、長男の小学校入学の時期も重なり「もう海外勤務はいや。このまま高知で子育てしたい」という妻の強い希望により、高知の移住を決めた。

　高知で仕事を探す中で、極めてユニークなオンリーワン技術があることと新工場を建設しているいまの会社を見つけた。成長性も見込め自分の経験を活かせると環境であると感じ弊社に決めた。入社後は、組織改革や経営管理の仕組みづくりを行い事業の成長に尽力している。

有難いことに入社後の取組が評価されメディアでも取り上げていただける機会が多く、最近では、わたしのことを面談前からリサーチ頂いている候補者が増えている。

自分の価値観、仕事への姿勢、地方へ移住した理由などを体験談で話すと説得力があり候補者へのアピールとなる。面談の最初のステージで候補者は、「自分のキャリアがマッチングするのか」「都心部から地方に移住して大丈夫か」「家族は同意するか」など不安がたくさんある。できるだけ、企業側からも情報を開示して不安を少しずつ払拭していくことで志望動機が高まり最後の意思決定で選んでもらえる可能性が高まる。

わたしのインタビュー記事も是非読んでもらいたい

■参考インタビュー記事
【四国のトップ企業を目指し組織変革に挑む】
https://www.glocaltimes.jp/people/6491

3 会社の魅力を伝える

自己紹介が終われば、会社の紹介をして魅力を伝えていく。自社の商品やサービス、売上規模、従業員数など会社の概要となる情報を伝えることも大事だが、「オモシロそう！」「スゴイ会社！」…と求職者に思ってもらうことが必要だ。

そのためには、ストーリーで語り、いかに共感してもらうかにかかっている。

創業時にどのような思いで創業者が会社を立ち上げ、事業を成長していったか。どういった苦労やブレークスルーがあって今日に至るかといったことをストーリー立てて伝えていきましょう。

そこで使えるテクニックが「ヒーローズ・ジャーニー（英雄の旅）」だ。

ドラゴンボールなどヒーローもののアニメを想像してみてほしい。

この「ヒーローズ・ジャーニー（英雄の旅）」の流れでアニメは見事にストーリーが展開されている。ドラゴンボールのストーリーで少し考えてみたいと思う。

① Calling「天命」

物語がスタートする。主人公は、人との出会いや、事件、様々な出来事から旅のミッションを見つける。ドラゴンボールでは、7つのドラゴンボールを集めれば神龍(シェンロン)が何でも願いをかなえてくれるということから物語はスタートする。

会社でいえば、「創業の思い」に当たる。

②Commitment「旅を始める」

主人公は旅をスタートさせる。旅をしていく中で、様々な出来事に出会い、「現状維持か、それとも新しい世界へ挑戦するか」という選択を迫られる。そして、新しい世界への挑戦をするため一歩踏み出して進んでいく。ドラゴンボールでいう、7つのドラゴンボールを探す旅がスタートする。

会社でいえば、創業期の事業立ち上げの苦しい時期だ。

③Threshold「境界を超える」

主人公は、最初の試練に遭遇します。本当に新しい世界へ挑戦する勇気や覚悟があるのかどうかを試される。ドラゴンボールでは、主人公以外にもドラゴンボールで夢をかなえたい人が必死に探し、奪い合いを始める。

会社でいえば、立ち上げ当初は、会社の存在も知られていないため提供する商品やサービスがなかなか売上につながらないつらい時期になる。

④Guardians「メンター」

主人公は、様々な新しい体験を通じて、師匠あるいはメンターといった自分をサポートしてくれる人たちに出会い、学び続け、さらに成長していく。ドラゴンボールでは、亀仙人との出会いだ。その後のストーリーはご存じですよね。

会社でもビジネスを成功に導くきっかけとなる人との出会いは、よくある話ですね。こういうことを実現したいという強い思い、言い換えると熱量が人を引き寄せる。

⑤Demon「悪魔」

旅を続ける主人公は、「悪魔」という言葉に象徴される最大の敵や試練に遭遇する。場合によっては、己の内面にある自分自身が敵になる場合もある。ドラゴンボールでは、ベジータやフリーザが登場して、悟空はピンチに立たされストーリーは大きく展開していく。

会社では、新たな競合の出現、あるいは従業員も増えていく中で社内組織の問題など様々な課題が日々訪れる。

⑥Transformation「変容」

Demon「悪魔や悪の権化、また自分自身」を倒し、克服した主人公は、ここで英雄へと変容していく。ドラゴンボールでは、悟空はスーパーサイヤ人に変身しますよね。

会社では、安定的に増収増益になることや人が辞めないいい会社に変容していく。

こういうストーリーを整理していく中で会社のDNAや得意とするところなどを見つけ出し、魅力を洗い出して言語化していく。

これ以外にも「第4章　絶対に知っておきたい！ 会社の魅力を伝える3つのポイント！」のワークで会社の魅力を整理できるのでもう一度振り返ってもらいたい。もし、まだ終わっていない人は、是非この機会にワークにチャレンジしてほしい。

4 求職者の情報を教えてもらう

ここまで終われば、あとは求職者の情報を聞いていきましょう。Web面談の場合、事前に履歴書・職務経歴書は入手しておき、聞きたい内容は予めチェックしておきましょう。

まず、履歴書・職務経歴書に沿って自己紹介をしてもらう。職務経歴書の内容を踏まえて、具体的にどのような仕事をしているのか、どのような専門性があるのかなど一つ一つ確認していく。

話が進んでいく中で、「いま悩まれていることはありますか?」「転職される理由は何ですか?」…など現状の不満や悩みをしっかり聞いていく。間違いなく求職者は、現状に不満や悩みがあるため転職を希望されている。

その不満や悩みが転職することによって解消できれば、入社してもらえる可能性が高まることになる。

わたしがターゲットとしている「大企業で海外駐在経験あり55歳以上の役職定年者」

との面談でよくある悩みは、

「役職定年でラインから外れて第一線での仕事ができなくなった」

「経営者への報告資料ばかりで顧客訪問など現場に行けない」

「いままでやってきた経験が他の企業でも役立つか試してみたい」

「若い人達と一緒にもう一度現場で汗水流して働いて指導していきたい」

「60歳の定年になると仕事がなくなる。できるだけ長く働きたい」

などモチベーションは様々だ。


こういった悩みを聞いた上で今度は自社の悩みを伝えていくことになる。

「海外事業を成長させるために事業戦略をしっかり作っていきたい」

「現場の後継者が育っていないから仕組みを作って人材育成を強化したい」

「新たに工場を建設するがプロジェクトをしっかり推進できる人が社内にいない」など。

求職者の悩みと会社の悩みが上手くマッチングすれば採用のチャンスが更に高まっていく。

ここで大事なのは、面談者が経営課題をしっかり理解していることだ。

プロフェッショナル人材は、経営者の右腕となる人材になる。現状の経営課題を理解して正確に伝えることができる人が面談者となって口説いていくことが必要になる。人事の採用担当者に任せずに経営者又は役員以上の経営層の方がファーストコンタクトでは面談することをお勧めする。

5 質問を受け付ける

情報収集したあとは、質問を受け付けフリーにディスカッションしていきましょう。
複数社を経験している人の場合は、転職を経験されているので新しい会社で働くことに対して大きな不安を持たれる人は比較的少ない。

一方で、同じ会社一筋で何十年も勤務されていた人は、その会社の仕組みや制度、カルチャーに染まっているので新しい会社で働くことに対して不安に思われる人も多い。そのため、自分が新しい職場でどのように仕事をしていけるのか、会社の雰囲気はどうなのか、経営者の考え方は？など、中にはたくさんの質問を細かくされる人もいる。

求職者に対しての不信感の払拭は極めて大事なので質問に対しては、細かく丁寧に答えていきましょう。メールで質問と回答のやり取りをする場合も当然ありますが、話が込み入ってくると上手く相手に伝わらず誤解を招くリスクもある。

もしメールでやり取りをする場合は、細かく丁寧に答えた後に再度Ｗｅｂ面談を設定して、しっかり質問に答えていく対応をとることで信頼が得られる。

手間はかかるが、求職者にとってはありがたい対応となる。

6 次の選考に向けて調整する

ここまでくれば、あとは次の選考に向けての調整のみ。具体的には、会社訪問のアレンジや役員面接になる。

プロフェッショナル人材の採用を始めた当初は、マッチングするかどうか微妙な場合でも、もしかしたら可能性があるのでは？…ということで次の選考をアレンジしたりしていた。

しかし、経験を積んでいくうちに早めにマッチングしそうかそうでないかを見極めて、次の候補者の時間を作るようにしていった。

Ｗｅｂ面談終了時に

「せっかくお時間を頂きながら恐縮ですが、ご経歴と弊社の募集しているポジションとのマッチングが難しそうですね。」

「ご希望されている条件と弊社の条件は合いそうですか? 条件が合う可能性はありますか?」

などハッキリこちらの意見を伝えることで早い段階からマッチング度合いが分かるので効率的な採用活動につながる。

この点は、経験をしていく中で試行錯誤を繰り返して身に付けていけばよい。はじめから、失敗なしで全てが上手くいくことはないので少しずつ改善していく心構えが大事だ。

WEB面談の流れ

1. アイスブレーク
2. 自己紹介
3. 会社の魅力を伝える
4. 求職者の情報入手
5. 質問を受け付ける
6. 選考に向けて調整する

Point!

◇Web面談は6つのステップで対応する。

◎求職者に絶対に聞いておくべきこと

ここまで読まれた方は、Ｗｅｂ面談の流れについて理解されたと思う。ここからは、Ｗｅｂ面談で絶対に聞いておくべきポイントを２つ紹介する。

①家族の状況

面談の段階では、お子様の年齢や家族にまつわる状況を聞くケースは少ないのではないでしょうか。でも、これから説明する内容については必ず聞いてほしい。

あなたは、転職で一番高いハードルは何だと思われますか？

実は、最も多いのが、奥様からの反対なんです。

【通称】嫁ブロック

「会社に興味を持ってもらい、会社訪問でさらに志望度が高まり、面接をクリアーして、双方が一緒に働きましょう!」…と順調に進んでいたとしても、最後に嫁ブロックでひっくり返されたりすることはよくある話だ。

例えば、東京から高知のような地方に勤務先が変わるとなると、家族帯同で行くのか、単身で行くのか、親の介護をどうするかなど家族で決めることがたくさんある。

奥様の実家から遠く離れてしまうと、実家にも行きにくくなる。

移住となれば、奥様のコミュニティーを一から作る必要も出てくる。

子供がまだ成人していないのであれば、転校はできないなどいろいろハードルはある。

そして、最も関心が高いのが給与になる。

1000万円以上のプロフェッショナル人材を地方に引き抜く場合、給与は3割から5割下がることになる。

奥様にとっては、生活が不安定になるのが一番の懸念事項になる。

だからこそ、最初の段階で家族の状況など聞きだしながら、理解が得られるのかを聞いておくことは極めて大事になるのだ。

実際に嫁ブロックはどんなものかを事例で紹介したい。

【嫁ブロックの事例】

●部門・役職

営業部門・部長クラス

●求める人材像

営業力強化のために、新規事業の開拓及び営業部門の組織開発ができる人材

●アプローチ

ダイレクト・リクルーティングでスカウトして、Ｗｅｂ面談にて会社の魅力をアピール、双方でマッチング度合いが高いという結論になり、会社訪問をしていただき、最終面接を実施

●候補者属性

大手一部上場企業、メーカー、営業部門責任者、52歳、東京勤務

●転職理由

役員報告や社内会議などのデスクワークが中心で現場の第一線でお客様と接触する機会が激減した。定年までこのような仕事は退屈。若い頃のように現場を飛び回り、新しいビジネスを作り上げていきたい。55歳を超えると働きたい仕事があったとしても転職が難しくなるため、早い段階で転職して60歳以降も働き続けたい。

●嫁ブロック

求める人材と求職者がやりたいことが上手くマッチング。あとは、給与や処遇が折り合うかどうかということになった。奥様との話し合いが行われ、お子様がまだ高校生で大学に進学後も費用負担が大きくなること、奥様のご両親が関東圏にいるためできるだけそばにいたいなど奥様からの賛同を得ることができず内定辞退。

●事例から学ぶ

嫁ブロックの最も大きな理由は、「給与ダウン」になる。子供の大学進学を控えている、家のローンがある、いまの生活レベルが下がるなど様々だ。特に、子供がまだ成人していないと奥様としては不安になる。逆に言えば、子供が成人している、お子様がいない…となると可能性が高まることになる。そうなると、55歳以上の人が割合的に多くなっていく。しかし、これはあくまでも奥様によって考え方は異なる。お子様がまだ成人していなくても旦那のやりたい事を全面的に応援する素敵な奥様もたくさんいる。わたしの会社にはそういった奥様を持つ人もご入社頂いている。

② 転職の理由

さて、次に転職の理由だ。言い換えると、「いまの仕事上での不満は？」・・・になる。この不満が、転職することで解消される可能性が高いほどマッチングがしやすくなる。面談を通して、是非採用したいということであれば、この不満を丁寧に確認して、弊社に入るとその不満が解消できるというように話が展開できればGOODだ！

【プロフェッショナル人材の転職理由トップ3】

わたしがこれまでのプロフェッショナル人材の採用を通じて感じた転職理由トップ3を紹介しておく。

①60歳以降も現場の第一線で働き続けたい

・大企業は、55歳以上で役職定年になると現場の第一線から退く必要がある。
・60歳定年すると担当する仕事も減り、給与も大幅に下がる。
・面白そうな仕事ができなくなる。

②自分のこれまでの経験を若い世代に伝え、人材教育したい

・自分の経験を何らかの形で後世に伝えたい。※社会還元

③大企業の経験が中小企業でも通じるか挑戦してみたい ※ドラマ「下町ロケット」

・自分のスキルが他の企業でも通用するか挑戦してみたい

Point!

◇Ｗｅｂ面談では、家族の状況をしっかり確認しよう。転職で一番高いハードルは嫁ブロック。

◇転職理由は、言い換えれば「いまの仕事上の不満」。転職することで解消することができればマッチング度が高まる。

第8章

プロフェッショナル人材とは個別契約をしよう！

あなたはプロフェッショナル人材の給与は、どのくらいをイメージされますか？

ズバリ年収１０００万円以上です。

年収１０００万円以上となると正直ポンと支払える中小企業は少ない。

特に、プロパー社員との処遇差が経営者にとって悩みどころとなる。

プロフェッショナル人材を採用したいけど「プロパー社員と処遇で差をつけられない」「社員からの不満が出る」「成果が出るかまだ分からないので難しい」など中小企業の経営者の方たちと会話をしているといろんな不安を口にする。

しかし、大事なのは経営者の覚悟だ！「会社を絶対に変えたい。」「いまのままでは会社の将来がない。」「会社を成長させたい。」など会社のことを真剣に考えるのであれば答えは一つ。要は、経営者次第なんです。

そうはいっても、いきなり都心部の大企業の相場でオファーするのは難しい。

そこでここからは、プロフェッショナル人材に対してのおすすめの交渉方法について解説していくことにする。

◎個別契約で交渉

地方の中小企業が年収１０００万円以上のプロフェッショナル人材を採用する場合、従来からある社内規定に縛られてはいけない。プロ野球選手が球団と個別に年間契約するように一人一人の能力に応じて個別に交渉していくべきだ。

社内規定だと求職者が最低ラインとしてほしい給与を提示できないばかりか、家賃の費用負担や車の貸与といった給与以外の福利厚生も提示できなくなるケースが多くなってくる。会社がどこまで対応可能か経営層でしっかり議論して、欲しい人材に対してはできるだけ気持ちよく働いてもらうために良い条件でオファーするよう心がけよう。

プロパー社員との処遇差をどのようにして対応するかにより良い人材を採用できるかが変わってくる。

ここで間違っていけないのが、給与をたくさん出せばよいという話ではない。求職者

はたまたまいま働いている企業の業績がよい場合や業界の相場が高いケースもある。

あくまでも自社の状況をしっかり考えて可能な範囲で対応していきましょう。条件交渉なのでお互いの条件が合うかどうかということになる。

毎年、少しずつでも上がっていくのが理想になるのでその点も踏まえて条件提示されることをお勧めする。

Point!

◇プロフェッショナル人材とは個別契約しよう。能力に応じて契約内容を交渉していくことが必要。

◎定年は65歳以上があたりまえ

中小企業でも定年を60歳にしている企業は多いため、仮に55歳以上で採用すると5年で定年することになる。

また、58歳だと僅か2年しかない。

これも社内規定に沿うと60歳で定年になり、再雇用で65歳まで働いてもらうことになってしまう。

そうなると、60歳で定年となるため、給与が大きく減るのが一般的だ。

わたしは、この点についてプロフェッショナル人材は定年の撤廃、可能な限り働いてもらうことを条件にすることをお勧めしている。

前述の通り、できるだけ長く働きたいという求職者は多い。

そのため、現場の第一線でできるだけ長く働いてもらえるようにオファーしましょう。

Point!

◇プロフェッショナル人材は、定年を撤廃して長く働いてもらう。

◎はじめは給与が下がっても、生涯賃金で考えると変わらない

プロフェッショナル人材の年収は１０００万円以上になる。

しかし、60歳定年、あるいは58歳の役職定年で給与は著しく減少していくのが一般的だ。大企業の場合、役職定年で年収は下がり、定年後は年収が5割程度減るケースもある。

そこで、わたしはこれを逆手にとって生涯賃金で考えてもらうように提案するようにしている。

仮に、58歳の方を採用しようとした場合、残り2年で定年になる。

定年後の年収が5割減少して65歳まで働いたケースと直近の2年間は多少年収が減少したとしても65歳まで少しずつ増えると生涯賃金は逆転したりする。

つまり、年収は現時点をベースに考えるのではなく長く働くことで生涯賃金では増えることをオファーできれば求職者の視点も変わり家族への説得材料ともなる。

生涯賃金でオファーしよう！

【生涯賃金オファーの事例】

●部門・役職

開発部門・部長クラス

●候補者属性

大手一部上場企業、メーカー、開発部門責任者、55歳、東京勤務

●アプローチ

60歳定年までの年収は転職することによりダウンするが、10年以上可能な限り働いてもらうこと、基本的に年収は減少せず成果に応じて増えることを前提に生涯賃金でどうなるかを検討してもらうようオファーし承諾いただいた。

●事例から学ぶ

現時点の年収ダウンだけを見て考えると転職を躊躇される。生涯賃金で考えてもらうようにすると承諾いただく確率が高まる。もちろん、年収ダウンを受け入れられず断られる方も多いのは事実。自社のオファー条件を決め、会社の魅力を伝え、良い人材を採用しましょう！

Point!

◇プロフェッショナル人材には、生涯賃金で考えてもらう。

【生涯賃金の例】(単Ω位：万円)

	58歳	59歳	60歳	61歳
大企業	1,000	900	800	400
中小企業	500	530	560	590
62歳	63歳	64歳	65歳	累計
400	400	400	400	4,700
620	650	680	710	4,840

※仮に、中小企業で年収を毎年30万ずつアップさせていくと65歳では中小企業の方が年収が多くなる。もちろん成果に応じて昇給するスキームを設計することが大事だ。

◎福利厚生を充実させよう

プロフェッショナル人材が都心部から地方に移住するとなると家族と離れて単身で住むことになる。そうなると住居費や食費など生活費が必然的に増えてくる。給与が下がり生活費も増えるとなれば手元に残るお金は当然少なくなる。いくら面白そうな仕事でチャレンジしたくても生活レベルが極端に悪くなれば、なかなか一歩が踏み出しにくく、家族の理解も得られないのが現実だ。

採用する企業は、この点も踏まえて住居費の負担や車の貸与も検討してみましょう。

採用に成功している地方の中小企業では、会社の実情に応じてできるだけこういった点を考慮する企業が増えている。プロフェッショナル人材は優秀な方が多く、転職活動中に数社から内定をもらうケースも当然ある。自分が実現できること、処遇の条件などを考慮して最終意思決定されることになる。その際に、この福利厚生があるかどうかで選んでもらえる企業になりやすくなる。

Point!

◇福利厚生が最後の決断の一押しになる。
特に、住居費の負担は移住する人にとって大きな魅力。

第9章
【事例紹介】プロフェッショナル人材採用の体験談

最後の章では、これまでたくさんのプロフェッショナル人材との面接を通じての失敗やエピソードについて紹介する。これからプロフェッショナル人材の採用にチャレンジする方は、同じような体験で悩むことになるかと思うので是非参考にしてほしい。

◎6ヶ月待って、入社1ヶ月前に突然の辞退

【事例①】Aさん

●募集部門・役職

製造部門・工場長クラス

●候補者属性

大手一部上場企業、自動車部品メーカー、タイ工場 工場長、42歳、勤務地 タイ

わたしは、「大企業の部長職級 55歳以上の役職定年者で海外駐在経験あり」をペルソナにして前述のダイレクト・リクルーティングでアプローチしているが、Ｗｅｂ面談もだいぶ慣れてきた頃、よりよい人材を見つけるために海外駐在している人にも積極的にアプローチするようになった。わたしも海外駐在経験をしているが、海外の勤務先で定年を迎えられる人も多く、その後は現地で引き続き顧問として残ったり、現地の取引のあった会社に転職されたり、日本に帰国してから転職される人もたくさんいる。

ダイレクト・リクルーティングのプラットフォームには便利な検索機能があり、海外勤務者も見つけ出すこともできる。中国やアメリカに駐在している人にアプローチしてＷｅｂ面談を行い、マッチングする人材はいないか本当にたくさんの人と面談させてもらった。Ｗｅｂ面談はネット環境がつながればどこでも話ができるので海外で勤務されている人とも手軽にアクセスできるのが最大のメリットだ。

そんな中、タイの自動車部品工場で勤務されている若手の工場長Ａさんを見つけスカウトした。ダイレクト・リクルーティングでは、候補者になりそうな人を検索機能で見つけスカウトメールを送ることからスタートする。職種やポジションによってスカウトメールからの返信率は異なるが、製造業の工場長クラスだと返信率は１０％程度くらいになる。１００通出して10人程度返信があるかないかだ。Ａさんは、高知県にある地元の高等専門学校を卒業後、国内の大手自動車部品メーカーに就職され工場でのキャリアを積んでタイに出向されていた。高知県出身ということもあったので可能性もあると考えスカウトメールを送信することにした。

スカウトの文面は、前述でワークしてきた会社の魅力やキャッチコピー等でアピールする内容になる。返答率の反応を見て文面を変えたりすることもある。Ａさんからはスカウトメールを配信してすぐに返事があり、Ｗｅｂ面談のセッティングを行うことにした。

Ａさんは、某有名大手自動車部品メーカーのタイ工場で工場長をされている現役バリバリの方だった。しかも40代とまだ若く、会社にとって今後の必要な人材だと思い面談に臨むことにした。

わたしは、Ｗｅｂ面談では転職理由をしっかり聞くように心がけている。求職者の悩みや不満が転職することによって解消できるのであれば、求職者はハッピーな結果になるし、逆に悩みや不満が解消できなければ転職するメリットはなくなる。

わたしは、「タイ工場でも順調にキャリアを積まれて、このタイミングでわざわざ地元の高知に戻られる理由は何でしょうか？」と尋ねてみた。

すると、「父親が高齢で最近病気にかかりました。誰かそばで見てあげる必要が出てきたので高知に戻りたいと考えています。海外にいると何かあった時にすぐに駆け付けれないので転職をしたいと思っています。」との回答であった。

転職の理由は、海外ではなく実家から近い場所で働いて父親をサポートしたいとのことであった。高知県内に県外から転職する人は、圧倒的にUターンの人が多く、親の介護や子育てを理由に戻ってくる人が多い。親の介護でUターンしてくる人は、男性が比較的多い印象がある。社内でもそういった理由でUターン転職されている人もいる。これは、他の地方でも同じような傾向のようだ。

さて、Web面談での話も盛り上がり、次のステップに進んでいただくことになった。
わたし「一度、会社に来て工場見学でもいかがですか？」
Aさん「では、日本に帰国した際に高知に寄って会社訪問させてください！」
わたし「いつ頃、来れそうですか？」
Aさん「3ヶ月後の連休に帰国予定があるのでその際に訪問させていただきます。」
わたし「それでは、お待ちしております。」

タイ工場で工場長をされていますから、日本に頻繁に帰国することは難しく「ちょっと先になるけど、転職理由はよくある内容だし、地元出身ということもあるから少し待ってみよう」と思い、3ヶ月後を待つことにした。
「このまま、採用までつながるかも」そんなことを考えながら、3ヶ月の間、他の求職者とのWeb面談は少しセーブするようになった。

そして、迎えた3ヶ月後、会社紹介の資料準備と工場見学の段取りを行い、漫然を期してAさんを待っていた。

工場見学で質問攻めにあいながら、現在取り組んでいる内容やモノづくりの課題について説明させてもらい、満足した様子だった。その後、役員面接を終えて労働条件の説明を行い、その場で「是非、一緒に頑張っていきましょう!」と「内定」を出した。

Aさんからは、数日後に「内定承諾」の連絡が入った。

「素晴らしい人材が採用できた!」と手を挙げて喜んでいたのを記憶している。

わたし「いつ頃から入社可能ですか?」

Aさん「いま、事業年度の途中などで事業年度が替る時期まであと6ヶ月程度待ってもらえませんか?」

わたし「そうなんですね。もう少し早めることは可能ですか?」

こんなやり取りをして交渉しましたが、こんな若くて優秀な方はなかなか出会えないと思い、結局6ヶ月待つことにした。

中途採用の場合は、仕事をされていたとしても2〜3ヶ月後には入社するパターンが多いため「ちょっと長いなあ。本当に来てもらえる？　大丈夫かな？」と思いながらも、定期的にメールなどで連絡を取りながら家族の状況なども確認して待っていた。

「Aさんもあと1ヶ月で入社だし、研修の段取りと入社手続きをそろそろしようか」と思っていた矢先、突然1通のメールが飛び込んできた。

「すいません。内定を辞退させてください！」

「がーん!?」

最初にスカウトメールを送ってやり取りをスタートしてから1年近く経とうとしていた。ようやくAさんも入社と待ち望んでいたのに「これはひどい!?」

慌てて電話で話をしたが、既に意思は固まっていた。

わたし「急に内定辞退の連絡で驚いています。何か状況が変わったのですか?」

Aさん「すいません。父親の病状が進行して、大阪の病院に転院することになりました。姉が面倒を見ることになったので高知に戻る理由がなくなりました。日本に帰っていまの会社でもう少し働きます。」

ここまでくると、どんなに説得しても口説くのは難しい。

「内定を出してから6ヶ月近く待って土壇場で辞退はないやろう。もっと早く教えてくれれば、採用活動ができていたのに・・・」

Aさんの内定が決まり、採用活動はストップしていたので6ヶ月間ムダに過ごしたことになる。悔しい思いをした。

電話での話から察するに、恐らく会社からの引き止めにあったのだと感じた。優秀な人材は何としても引き止めたいでしょうから。

●失敗から学ぶ

内定を出してから入社まで時間が長くなればなるほど内定辞退のリスクは高まる。内定後にさらに条件の良い話が出てくることもあるし、やっぱりいまのままでいいかと思ったり、会社からの強い引き止めがあるかもしれない。過去の経験から、既に離職して休職中の人より、現在も働いている人の方が優秀な方が多い傾向にあると感じている。そんな人たちを採用するのですから当然プロジェクトを抱えていたり、後任に引き継ぐまでなど入社まで時間がかかる事情はある。しかし、入社までの期間が伸びれば伸びるほど内定辞退のリスクは高まっていくことになる。長くても3ヶ月以内に入社してもらうよう交渉していくことが大事だ。その後の採用活動では、入社までの期間をできるだけ短くするよう意識するようになり、入社までの期間が長くなる場合は内定を出さないようにしている。入社までの期間にも気を付けよう。

◎日本最難関大学大学院博士課程卒のトルコ人との出会い

【事例②】　Bさん

●募集部門・役職

開発部門・技術者

●候補者属性

●大学大学院 医学部 特任研究員　31歳　勤務地 東京

たまたまテレビを見ていると「ポスドク問題」についてのドキュメンタリーが流れていた。ポストドクター（ポスドク、博士研究員）とは、大学院の博士課程を修了したあと、大学や研究機関で任期付きの職に就いている研究員のことを言う。

任期制ということもあり、ポスドクは非常に不安定な身分に置かれてるケースが多い。業績を上げることができなければ任期切れとともに雇い止めとなることもあり、次の仕事がすぐに見つかる保証もない。博士課程を修了した優秀な人材が、将来展望も描けず、不安定な身分のままさまよい続けている、これがいわゆる「ポスドク問題」だ。

「これだ！」「今度は、ポスドクにフォーカスして採用活動してみよう！」

若手の開発者を探していたので、ポスドクをプロフェッショナル人材のターゲットとしてダイレクト・リクルーティングでスカウトを始めることにした。

母集団の中から人材を探していくと海外からの留学生がそのままポスドクとして働か

れている人が多いことに気づいた。

そして、今度は海外人材をターゲットに絞り込み、数名にスカウトを送り続けた。

スカウトの返信のあった方には、中国、韓国、台湾といったアジア系が多かったが、その中にトルコ出身の方（以下、Bさん）からの返信があった。

Web面談を通じて、会社の魅力を伝えながら、仕事の紹介もしていった。Bさんは、トルコの大学を卒業後、国費留学で東京大学に入学し、大学院で研究をされた。博士課程修了後はポスドクとして仕事をされていた。大学での授業は、全て英語だったそうで日本語は勉強中とのことであった。

わたし「こんにちは。日本語大丈夫ですか？」

Bさん「はい、大丈夫です！」

Web面談は、どこでもつなぐことができるので便利なのですが回線状況により言葉が途切れたりすることもあったりする。Bさんの場合、日本語がある程度通じたので助かった。

わたしは、外国人採用ではベトナム人や台湾人の採用経験もあるが、選考にＷｅｂ面接をする。回線状況も悪く、日本語の理解力がないとなかなかうまく面接ができないので苦労することもある。

さて、Ｗｅｂ面談も終了し会社の理解を深めてもらった。そして、次のステップで面接を通じて開発の仕事の話を聞いてもらい、お互いがマッチングするかの見極めを行った。

Ｂさんの専門領域は「バイオ高分子」であった。一見、製紙会社との接点がなさそうに感じるが、我々の技術開発の基礎知識と親和性が高いとお互い判断することになった。

トントンと話が進み「内定」を出すことになった。

そして、本人も内定について前向きであったが、一つ壁があった。

「嫁ブロック」だ。

Ｂさんは、日本人の奥様と結婚して間もなかったということと、東京在住ということもあり奥様の理解が得られるかがポイントであった。

過去に多くの「嫁ブロック」を経験していたので、「今回も難しいかなあ」と正直思っていた。55歳以上のプロフェッショナル人材の場合、単身赴任の経験されている方も多く、また海外駐在経験がある人だと生活する場所より仕事内容を優先される方が多い。奥様も慣れているので「嫁ブロック」のハードルは低くなる。これに対して、若い人材の場合は奥様が仕事をしていたり、奥様の実家が現在住まれている場所から近いなどいくつかの問題をクリアーする必要があり、給与面以外でも難しい側面がでてくる。

今回のケースでは、次のステップとして高知に来てもらい会社見学をして雰囲気を味わってもらうことにした。そして、Bさんの志望意思が高まり、奥様へも説得も上手くいきそうというタイミングで、もう一度会社に来てもらうようにお願いすることにした。今度は「奥様もご一緒にいかがですか？」と声をかけた。

わたし「高知の雰囲気や生活環境も是非見ていってください」

車で会社周辺の施設を案内した。

奥様の仕事も紹介することも提案した。

わたし「いまどんな仕事をされていますか？」

奥様「事務の仕事をしています。」

わたし「もし、高知に来ていただければ仕事も紹介しますよ！」

奥様の理解も得られ、数日後に無事「内定承諾」の連絡があった。

今回もハードルが高かったのでほっとした。

実は、今回の採用の取組について「東京から優秀な人材を地方に採用する」をテーマにＮＨＫの取材を受けた。Ｗｅｂ面接や家族へのサポートを通じた採用活動は、地方に人材を呼び込む手法として注目される取組となった。

●成功から学ぶ

求職者の置かれている環境や奥様の状況により「嫁ブロック」のレベルは異なる。大事なのは、求職者一人一人に対しての「個別対応」になる。今回のポイントとしては、奥様にも来社してもらい会社の紹介をしたり、生活環境についてもじっくり見てもらったことにある。あまり家族まで巻き込んだ採用活動をする企業は少ないが、逆に言えば他社との差別化にもなる。都心部から地方への移住は、ある意味その人たちにとって人生の大きな岐路になるので、「できることは全部やる」の心構えで取り組んでいる。「家族の不安を払しょく」できたことが採用における成功のポイントとなった。

◎やっぱりフィリピンの会社に決めました！

【事例③】Cさん

●募集部門・役職

技術営業・管理職

●候補者属性

大手一部上場企業、化学メーカー、新規事業開発部長、59歳、勤務地 愛知

既存事業の拡販だけでなく、新規事業を伸ばすことが社内での喫緊の課題であった頃、事業企画ができるプロフェッショナル人材を探していた。ダイレクト・リクルーティングで何人か採用した実績が出ていたので、求職者に刺さるようなスカウト文面を考えてスカウトしていた。今回は、ペルソナでターゲットにしている「大企業の部長職級55歳以上の役職定年者で海外駐在経験あり」にマッチする人材を探してスカウトした。そんな中から数名返信があり、その一人とのWeb面談でマッチングが高いと判断した。

Cさんは、某大手化学メーカーで開発部門の責任者を経験され、その後航空機関連の新規事業責任者をされていた。弊社とも取引関係が過去にあり不織布についての知見もあった。海外での駐在経験もあり、海外取引が多い弊社にとってもマッチングした人材であった。

Web面談をしてから数日後に来社され、会社の内容や工場見学を通じて志望度が高まっていった様子であった。

わたし「工場見学はいかがでしたか？」
Cさん「実に面白いです。これから自分の経験を活かして事業を伸ばしていきたいです！」
わたし「高知で働くことについてご家族とはご相談されていますか？」
Cさん「高知で働くことについて、家族は賛成してくれています！」
わたし「是非、弊社で働いていただきたいので条件など確認していただいて○○日までにお返事いただけますか？」

オファーした後は、いつまで返事を頂けるか「〇〇日までに返事を下さい」と期日を切らないと、判断できなくてズルズルいくケースがある。Cさんのケースでは、期日前に連絡があり「是非、御社で働きたいです！」との回答があった。「よかった・・・」っと思ったのもつかの間、数日後に連絡が入ってきた。

Cさん「実は、フィリピンにある現地法人の社長をしたもらいたいとのオファーが、急に飛び込んできました。フィリピンの会社でいろいろ考えたのですが、海外の仕事がエキサイティングな内容なのでフィリピンの会社でお世話になることに決めました！御社の技術は面白く、内容なのでフィリピンの会社で働いて、数年後に日本に戻ってきた際にチャンスがあれば是非チャレンジしたいと思っています！」

順調に話が進んでいたのでまさかの展開だった。海外駐在経験者の方の転職活動は、自分にとってワクワクするような仕事を探されていて、勤務地も日本国内だけでなく海外まで広げられているケースが多い。海外現地法人の条件があまりよくない場合は、国内にとどまられることもあるが、いずれにしても優秀な人材であればあるほどいろいろな会社から声をかけられる。

●失敗から学ぶ

内定を出す際には、他社の面接状況などを忘れずに細かく聞いておくことが大切になる。今回のケースでは、Cさんは海外の現地法人を選択されたが最後は本人の判断なので両社がマッチングしないことも当然ある。内定後も連絡を小まめに取り合いながら情報をしっかり収集していくことが大事だ。

別の採用活動の機会に似たような状況になった。この時は、非常に優秀な人材だったが、少し決断に時間がかかるとのことだったので時間を区切って判断してもらうことにした。この方も最後は海外の会社に決められた。

このように時間を区切って判断をしてもらうとマッチングしないケースでも結果が決まれば、今後の採用活動は進められる。頭を切り替えて対応していきましょう。

◎妻が階段から転倒しました！

【事例④】Dさん

●募集部門・役職

技術営業・管理職

●候補者属性
大手外資系上場企業、電子デバイスメーカー、36歳、勤務地 神奈川

弊社が作る商品は、一般消費者向けの商品ではなく、お客様の工場で2次加工、3次加工が行われ最終消費者に届けられる。いわゆるB2Bのビジネスになる。例えば、商品を一つ紹介すると「電磁波シールド材」がある。スマートフォンからは電磁波が出ている。電磁波は体に有害なのでそれを防ぐ役割を果たす電磁波シールド材が搭載されている。わたしたちの商品は、この電磁波シールド材のベースとなる素材に使われている。このように、電子デバイスの事業も行っており、今後さらにこの領域を伸ばすためにそういった知識があり、技術営業ができる人材を探していた。

ダイレクト・リクルーティングでマッチングしそうな人材にスカウトメールを送り続けていた。そして、外資系の電子デバイスメーカーで勤務している技術営業職のDさんから返事があり、Web面談がスタートした。

日本の国立 難関大学大学院を卒業され、専門性も十分あり申し分ない経歴であった。

わたし「これまでのキャリアから地方にある高知で仕事をすることになりますが、転職される動機は何でしょうか?」

Dさん「実は、いま働いている会社が日本から撤退することになりました。中国勤務のオファーもあるのですが、日本で引き続き仕事をしたいと考えています。わたしのこれまでの経験や知識が御社の商品開発や新規顧客開拓に役立つのではないかと考えています。」

わたし「ご家族は高知への転職に対して、どのように考えられていますか?」

Dさん「妻は、わたしがやりたい仕事をすることに対して理解してくれています。働く場所について行くと・・・」

事業撤退で会社を辞めざるを得ない人材の採用は「チャンス」だ。特に、若くて優秀な人材は引く手あまたなため、他社との競争も激しくなる。

「奥様の理解がある」ということであれば「嫁ブロック」は少し下がる。

「Dさんに入社してもらえる可能性があるかも?!」

話はトントン拍子で進み、「会社にご家族で来ていただいて話をしましょう!」

メールや電話で小まめに連絡を取りながら、来社スケジュールの調整を続けた。

そんなある日、一通のメールが届きました。

「妻が自宅の階段で転倒して骨折しました。病院に入院して手術することになったので、予定していた来社ができなくなりました。」

慌てて電話を掛けました。

わたし「奥様大丈夫ですか？ どんな感じですか？」

Dさん「手術も無事終わったので、後日改めて連絡します。」

そこからです。連絡がパッタリ止まった。

メールをしても返信なし。電話をしても着信拒否。

こんな経験をしたことがこれまでなかったので何があったのか理解できなかった。

ダイレクト・リクルーティングのプラットフォームに登録されている情報更新履歴を見るとＷｅｂ面接した後も職務経歴書が更新されていることが分かった。つまり、他社への転職活動も積極的に行われていたことを意味する。もし、就職先を決めたのであれば情報更新する必要はありませんから。

●失敗から学ぶ

このようなケースは極めてレアかもしれないが、30代~40代の若い人材でプロフェッショナルとして採用する場合は注意が必要になる。ポテンシャルの高い候補者は、キャリアもあり引く手あまただ。そして、以前に上手くいった手法でも次も成功するとは限らない。求職者それぞれにあった「個別対応」の心構えが大切になる。採用活動で順調に進んでいきもう一歩まで来た後に採用できないときのショックは大きい。しかし、上手くいかなかったとしても、「今回はご縁がなかった。次にもっと良い人材に出会えるチャンスができた」と前向きに捉えて進んでいく心構えが必要だ。

◎大阪の幼馴染が高知でまさかの再会

【事例⑤】 Eさん

●募集部門・役職

海外駐在員

●候補者属性

大手一部上場企業、[redacted]メーカー、60歳、勤務地 香港

弊社では、ドイツに販売拠点を設立することになり新会社の立上メンバーとして海外駐在員を募集していた。海外営業や駐在員は非常に人気の職種になる。ダイレクト・リクルーティングでのスカウトだけでなく、応募される方もたくさんいた。３ヶ月以内に駐在員を決める必要があったため、たくさんの方とＷｅｂ面談やリアル面接をすることになった。そして、海外駐在経験が豊富な人材数名と選考が進んでいった。若手の人材を抜擢するか実務経験も豊富な55歳以上をターゲットにするか非常に悩んだが、会社の立上ということもあり事業を早く安定させるという意味で経験値をとることにした。語学力や海外赴任経験なども踏まえ、最終的には直前まで香港に勤務され、定年退職されたＥさんとの面接が進んだ。異なる業界からの転職になるため、赴任前にある程度ものづくりについて理解してもらう必要があった。そのため、できるだけ早く入社してもらう必要があり、Ｗｅｂ面接のみを数回行いながら選考をした。

候補者も多かったため社内でのマッチングに通常より時間がかかった。

Ｅさんに内定のご連絡をさせていただいたときには、他社への就職がほぼ決まりかけていた。

わたし「是非、海外拠点の立上メンバーとして活躍してもらいたいのですがいかがですか？」

Eさん「なかなか連絡がもらえなかったのであきらめて他社に決めようかと思っていました。海外拠点設立の仕事は、面白そうなので是非チャレンジさせてください！」

通常、Ｗｅｂ面接の後に会社に訪問してもらい最終面接するのですが、今回は時間の制約もあり、Ｗｅｂのみで最終選考まで行った。

社内にはプロフェッショナル人材が数名いるが、ある方と話をしていると

プロ「大阪の出身地と大学が同じじゃなあ」「年齢も同じ」「名前は？」

わたし「●●さん」

プロ「もしかして、あの●●!!」「間違いない!!」「小・中・高・大学が同じ幼馴染や！」

「高知の田舎の中小企業で大阪出身の幼馴染が40年ぶりにまさかの再会」

こんなにたくさんある企業の中で再び出会うとは、奇跡の再会としか言いようがありません！

プロフェッショナル人材を採用しているとこんなドラマが待っていたのです！

●成功から学ぶ

今回の採用は、赴任時期と社内研修の期間を考えると入社スケジュールが非常にタイトとなっていたため全てＷｅｂ面接にて対応した。つまり、Ｅさんは一度も来社せずに内定承諾の有無を決めたことになる。

後日、Ｅさんとの会話でその点について尋ねてみた。

わたし「時間的な制約もあり、Ｗｅｂ面接しかできませんでしたが、意思決定に迷いはありませんでしたか？」

Ｅさん「工場に伺って話をしたかったですが、これで内定を承諾するか決めないといけないと思っていました。面白そうな仕事だったのでチャレンジしてみたかったです。」

採用活動をしていると前任者からの引継ぎや今回のように渡航前の研修など入社のタイミングについて、制約条件がでてくる。今回は、上手くマッチングして進んだが、できるだけ一度会社訪問をしてもらってから判断してもらった方がミスマッチもなくなるのでよい。採用のクロージングまでのスケジュール管理も必要とつくづく感じた。

おわりに

ここまで読んでいただいてありがとうございました。わたしがいまの会社に転職した当時「何とかしていまの状況を変えたい」と日々考えていました。

ある日、知り合いのコンサルタントから「ダイレクト・リクルーティング知ってる?」「ビズリーチという新しい手法で採用できる会社があるよ」…と教えてもらいダイレクト・リクルーティングについて調べ、「これはいけるかも?」と思ったのがプロフェッショナル人材の採用に取り組んだきっかけです。

わたしは「中小企業にもプロフェッショナル人材は通用する」と仮説を立てました。

このように、ほんの小さなきっかけが、その後の会社を大きく変えることになります。

そして、あなたにも、ほんの小さなきっかけがここにあります。

プロフェッショナル人材の採用手法を知ったいま、あなたには3つの選択肢があります。

一つ目、「どうせ、あなたの会社はそれができる状態だったから、いかにもうまくいったように書いているんじゃないの」と、方法論自体を否定すること。

せっかくのご縁です。このノウハウで実際に採用できていることだけは忘れないでください。

二つ目、「具体的な事例もあったし参考になった。実際にできるかとりあえずじっくり考えてから取り組もう」と、実践を先送りにすること。

人の記憶は1日経つと7割以上なくなると言われています。時間がたてばたつほど実際の取組が遅れるのではないでしょうか？もし、本当に実践したいと思うのであれば、記憶が新しいうちにやりませんか。

最後は、「とにかくまずはやってみる」ではじめの一歩を踏み出すことです。はじめから誰も上手くいきません。試行錯誤する中で少しずついろんなことが身についていくんです。わたしも何度もチャレンジしながら取り組んできました。

あなたにもできます。最初の一歩を勇気をもって踏み出してください。

この本で紹介した事例は、試行錯誤を日々繰り返しながら実践したノウハウです。上手くいったこと、いかなかったことたくさんありますが、全ては思い切って実践した結果です。

あなたにも同じような体験をしてもらいたいと本当に願っています。

「とにかくまずはやってみる!」

あれこれ考えるヒマがあったら、いますぐ、やってみよう!

2020年8月　馬醫光明

▶著者プロフィール

馬醫 光明（ばい・みつあき）

廣瀬製紙株式会社 取締役・税理士

1976年京都府生まれ。

立命館大学大学院卒業後、パナソニックに勤務。

その後、国内工場の経理責任者、台湾勤務を経て、

マレーシア現地法人設立に管理担当役員として従事。

現地法人のリストラも経験し日本に帰国。

ワークライフバランスを考え、

子育て環境の良い妻の実家である高知に移住を決意し退職。

現在、採用シニアエキスパートとして、

新卒・中途採用の前線に立つ。

違う結果を得たいなら、違う行動をするが信条。

プロフェッショナル人材の採用をはじめIT を活用した

採用手法は注目を集めている。

社長、なぜプロフェッショナル人材を採用しないんですか!?

2021年1月18日　第1刷発行

著　者　馬醫 光明

発行者　日本橋出版
〒103-0023　東京都中央区日本橋本町2-3-15
共同ビル新本町5階
電話：03-6273-2638
URL：https://nihonbashi-pub.co.jp/
発売元　星雲社（共同出版社・流通責任出版社）
〒112-0005　東京都文京区水道1-3-30
電話：03-3868-3275

ISBN：978-4-434-28081-8　C0034